博客：http://blog.sina.com.cn/bjwpcpsy
微博：http://weibo.com/wpcpsy

儿童
情商教育

[比]米 杉 ———— 著
倪男奇 卢彦萍 ———— 译

世界图书出版公司
北京·广州·上海·西安

图书在版编目（CIP）数据

儿童情商教育 /（比）米杉著；倪男奇，卢彦萍译 . —北京：世界图书出版有限公司北京分公司，2022.4
ISBN 978-7-5192-9146-4

Ⅰ.①儿… Ⅱ.①米… ②倪… ③卢… Ⅲ.①情商—儿童教育 Ⅳ.①B842.6

中国版本图书馆CIP数据核字（2021）第240109号

THE EMOTIONAL INTELLIGENCE CLASS,
Teaching Communication, Relationship and Being Skills
By Michel Claeys（米杉）

First published in France under the title
"Pratique de l'éducation émotionnelle", éditions Le Souffle d'Or, octobre 2004.

书　　名	儿童情商教育 ERTONG QINGSHANG JIAOYU	
著　　者	［比］米杉	
译　　者	倪男奇　卢彦萍	
责任编辑	王　洋	
装帧设计	佟文弘	
出版发行	世界图书出版有限公司北京分公司	
地　　址	北京市东城区朝内大街137号	
邮　　编	100010	
电　　话	010-64038355（发行）　64037380（客服）　64033507（总编室）	
网　　址	http://www.wpcbj.com.cn	
邮　　箱	wpcbjst@vip.163.com	
销　　售	新华书店	
印　　刷	河北鑫彩博图印刷有限公司	
开　　本	787mm×1092mm　1/32	
印　　张	10.75	
字　　数	200千字	
版　　次	2022年4月第1版	
印　　次	2022年4月第1次印刷	
国际书号	ISBN 978-7-5192-9146-4	
定　　价	59.80元	

版权所有　翻印必究
（如发现印装质量问题，请与本公司联系调换）

引　言

人们对社会情绪教育（也被称为"情商教育"[①]）的兴趣一直在提升，大家一致认为情商很重要。但什么是情商教育？怎样去实践它？这些问题一直都模糊，没有明确的答案。人们所感兴趣的这部分内容经常需要人们靠自己的想象去发挥。哪里可以找到清晰的指导原则？可以采用什么样的工具、内容和教育策略呢？

这些就是我想要回答的问题。

少有教育者接受过适当的相关培训，大部分教师简单地认为情商教育并不是他们的职责，他们倾向于忘记学生的学业成绩会受到情绪环境的严重影响。情商不仅对学生来说是必需的，对教师来说也是必需的。只有高情商的教师才能获得好的工作成果。此外，他们还要能够展示出学生需要发展的一些情商技能，如此学生日后才能成功，才能创建出一个映射更成熟的人类态度的世界，一个充满关心与合作、和平与和谐的

[①] 让我们从开始即澄清这些不同的名词术语包含同样的实质：情商教育既包括个人的存在（being）技能，也包括社会技能。

世界。

我的另一本有关情商的书名为《情商教练手册》[①],我已经在该书中发展出一套相对完整的方法,列出了情商课程主题和相应的教育活动。不过,那里面的内容大部分是针对高中生或者成年人的。在这里,我想提供一套针对更年幼的孩子的情商教育的方法和实操工具。当然,本书的很多内容同样适用于成人的情商训练。

对学龄前儿童、小学阶段的儿童以及青少年和成人的社会情商教育有什么差别?总体来说是没有什么不同的,都依赖于同样的技能和活动。它们的主要差别在于我们工作中使用的语言以及探索的深度必须要和相应人群的理解水平相匹配。越年幼的孩子,我们应该提供越简单的游戏和活动,围绕活动展开的讨论也会更简单一些。但是教育策略会是相同的,教育者的态度也会是一样的。对技能的示范是基础。幼童也是更开放的、更接纳的,也更容易内化榜样。因此不要给他们错误的示范!你所呈现的态度和沟通技巧将是情商教育里的关键部分。孩子们更需要看到恰当的态度,而不是理论化的解释。

我在此对这一工作给予相对简短的介绍,重温了相关原

[①] 此书曾以《应该补上的一课》及《情商魔法训练营》为名出版发行,新版名为《情商教练手册:高情商是如何培训出来的?》。

则。我写作本书的主要目的是提供一些游戏活动。这些活动聚焦于不同的主题或技能。

在使用这些游戏活动时，请注意：你需要有能力为团体创设一种信任的氛围。这些游戏活动是简单的，但是如果带领者未能妥当引入并带领，那么游戏活动可能无法达成其目标。培训教育者和培养儿童一样重要。教师设定一个清晰的框架、确定明确的规则协议、保持积极的支持性的态度以及把竞争性氛围转化为合作性氛围的能力，都将是至关重要的。对教师的培训应该涉及以上内容。我的希望是，这本书可以在教育实践领域促进大规模的进步和变化。

目　录

引　言　001

一　情商和情商教育　001

1　情商究竟是什么　003
2　情商教育是什么　006
3　情商教育不是什么　008
4　主要的情商技能　009
5　六大基本教育策略　014
6　如何设计并带领情商教育活动　027
7　有效的学习不只与智商有关　041
8　教学策略的新范式　046

二　情商教育：游戏和活动　049

1　在团体内建立信任和安全感　051
2　探索你的身份　075
3　感受和情绪　098
4　选择和责任　129
5　探索倾听技能　150

6	识别需要，表达请求	173
7	自尊、自信和坚定	190
8	处理冲突和解决问题	218
9	积极思维和消极思维	239
10	我知道想要什么：设定目标	253
11	引导内在工作：呼吸、放松、观想	267
12	合作性态度	288
13	创造力和学习技巧	304
14	与自然建立联结	321

活动索引　　　324

米杉　　　337

情商和情商教育

1 情商究竟是什么

严格来说，情商是一个人能够平衡情绪或者说是一个人能够让自己平静下来，并且可以自我觉察情绪感受而不被其淹没的能力，是一种能够用自信、和谐和有爱的方式来处理自己情绪的能力。这种能力来自，这个人能够用一种稳定的方式来联结其内在的资源——力量、自信、爱、喜悦、能量、意志力、内在平和、智慧和灵感。当一个人能够活出自己的内心，强有力地锚定在内在的力量、自信和安全感中时，这个人就是高情商的。从这样的内在状态出发，这个人与外界的关系就会变得自然而积极。一个高情商的人总是可以生活在信任和喜悦之中。

除此之外，情商还包括我们能够用有力量的、关爱的、和谐的和富有创意的方式与外在世界联结。情商涉及各种各样的技能，从对身体的觉知、情绪的平衡、思维的控制到积极的思维模式，从高效的自我管理到应对紧张和压力的能力，显然还包括能够和谐地融入社会，能够发展出合作的态度，为人正直，对更大的环境充满关爱和责任，以及具有环保意识等。

问题是：怎样帮助一个人发展出这些技能并提升内心的力量呢？这正是我们要深入探讨的。

让我们以一张图表来呈现高低情商之异同：

低情商	高情商
被恐惧支配	无所畏惧
缺少自信	自信
情绪不稳定	情绪稳定
易怒	不易动怒
抱怨	快乐，充满热情
受害者	自己现实的有意识的创造者
无力量，害羞，退缩	强大的内在力量，外向
消极，问题导向	积极，解决方案导向
局限的认知模式	认为一切皆有可能
怀疑	信任
困惑，思维狭隘	思想开放，有灵感
不满足，不幸福	满足，幸福

高需求,高要求	低需求,灵活的要求
纠结于过去,恐惧未来	此时此地,活在当下
评判,不接纳	接纳,倾听,认同
竞争,好斗,攻击	合作,和平,坚定
为生存斗争	磋商双赢的交易
自我中心	爱,关心,共情
不可信,欺骗,滥用	可信,公平,正直
不灵活,严厉,紧张	灵活,可调整,放松
低效,混乱	有效,有条理

2 情商教育是什么

情商教育包含对以下主题进行处理的一系列学习过程:

- 个人成长(身体、情感和心智),自尊和内在力量;
- 社交技能的发展(沟通及关系);
- 内在的平衡,积极的或创造性的态度;
- 管理生活;
- 动机;
- 澄清目标;
- 识别成功的策略。

情商教育还包含对以下议题的探索:

- 我们是怎么想的?
- 我们如何看待生活?
- 我们怎么处理我们的感受?

- 我们怎样沟通？
- 我们怎样处理我们的关系？
- 我们是我们生活的创造者还是受害者？
- 我们是在无力挣扎还是在吸引最美好的东西？

3　情商教育不是什么

关于情商教育，它

·不是一个智性的理解，不是一场演讲；

·不会教授什么是对、什么是错，也不会告诉学生什么可以做、什么不可以做，不会制定一个"应该"清单，不会奖励"正确"的，惩罚"错误"的；

·不是塑造性格的培训；

·不是个体心理咨询和治疗，不是用来解决个人问题的；

·不是心理学课程，人们不能通过它学习心理学理论；

·不是又一门与压力及考试关联的"学习科目"。

4　主要的情商技能

世界卫生组织于1993年正式提出了一系列情商技能（即社会情绪能力）：

社会情绪能力是个体有效应对日常生活中的要求和挑战的能力，是一个人保持精神健康，并与他人和环境保持适当关系且对之保持积极态度的能力。社会情绪能力在预防疾病和促进健康方面扮演着重要角色，在身体、心理和社会健康等最广泛的意义上帮助人们维持健康。（WHO，1993）

考虑到这些社会情绪能力同时具有内外两个维度，世界卫生组织列出了五对能力：

- 问题解决——做出决策；
- 批判性思维——创造性思维；

- 有效交流——有效的人际关系;
- 自我觉察——共情他人;
- 压力管理——情绪的自我调节。

大多数人在宽泛意义上对社会情绪能力是什么、其对个体及社会有多重要都持一致意见，但要把这些技能罗列出来，人们可能会出现不同的视角和观点。

我自己喜欢考虑一系列丰富多样的能力与主题，尤其是那些我们能够通过社会情绪教育方法付诸实践的能力。这些技能显然是互相关联的，我们几乎不可能只是单独对其中某项能力进行工作而不涉及其他。但是为了便于发展觉察力及新技能，我们将渐进性地聚焦在这些不同领域的具体主题的学习上：

- **临在与关注**：包括观察能力，聚焦于当下正在发生的事情的能力。
- **接纳**：灵活开放地接纳差异的能力。
- **善良**：对他人持积极的、支持性的态度的能力。
- **情绪平衡**：识别和命名情绪的能力，欢迎情绪感受，以及对自身情绪行为进行自我调节的能力。
- **交流**：倾听、识别和欢迎信息以及清晰表达的能力，表达自身、不施加压力地表达要求、适当地提问的能力，以及能够觉察身体语言的能力。

· **冲突解决**：在冲突中保有尊重地交流，在双方利益相悖的情况下可以找到双赢的解决办法，避免暴力，进行调解。

· **积极思维**：思考解决办法而非困在问题中，把失败视作学习的机会，利用积极宣言抵达清晰的目标。

· **自信**：和自身内在资源和价值保持联结的能力。在任何情境下都对我们能够达成的目标保持强有力的信心，采取应有的姿态。

· **自知**：识别优势、弱点、时机的能力。接纳我们自身如其所是，总是对新的学习和成长保持开放的态度。

· **自我负责**：做出适当选择的能力。发展强烈的意愿、清晰的目标，即从来不做他人的受害者，总是创造自身的现实。

· **自主和主动**：根据个体自身内在资源采取合适的行动的能力。

· **合作**：与他人以和谐的、建设性的方式一起工作的能力。能够觉察到集体的需求，以集体的福祉为目标，而非保持自我中心性。

· **正直**：对他人所说出的话，以及对正义秩序保持忠贞、诚实及尊重的能力。

·**创造力**：富有灵感，具有自发性和创造性，无所畏惧。

·**放松和压力管理**：能够保持平和安宁，具有平衡个体内在空间的能力。

这些能力都可以通过简单的游戏活动予以探索。在活动中，我们将目标聚焦在简洁的学习过程和意识水平的提升上。活动的首要条件是建立信任、安全的氛围，随后，孩子们的兴趣和热情会使他们更好地投入其中。

这项工作会应用到很多不同类型的游戏中，从"破冰"到"分享圈"，从"雕塑人体"到"集体讲故事""角色扮演"或"盲人探索"，这些游戏都可能对我们的工作有帮助。在活动中，无论邀请孩子们进行哪种游戏，我们都要做的一件事情是，留出一些时间给他们，让他们可以分享感受和想法，从游戏中有所感悟。

唱歌、跳舞、音乐、戏剧、身体工作、小组工作，以及任何合作性的活动，我们都可以拿来应用在活动中。我们的主要目的是，跳出竞争，让每个孩子都可以练习和发展活动所指向的目标技能。

这些游戏活动可以以团体形式或小组形式进行，也可以以两两配对的方式进行，甚至可以以单人游戏的方式进行。不论以何种形式进行，只要可行即可，而且之后成员可以聚集在一起，进行个体视角的分享。我们应当灵活使用这些探索工具。

　　应当指出的是，在社会情绪教育中，只有一类方法，我们是不推荐的，那就是依赖于书、本、纸、笔进行书写的活动。在传统教育中，孩子们已经被要求在大部分时间里静坐、高度集中注意力进行书写和阅读了。在社会情绪教育中，他们需要动起来，需要一些感受导向的活动。活动后的思考只是锦上添花，并不是活动的焦点。我们主要关注的是孩子们在活动中的体验。

5　六大基本教育策略

以上我所阐述的内容已经非常清晰地表明，要达到我们在情商教育方面的目标，我们应该具备怎样的教育策略和技能。我们来澄清一下：作为教育者，如果不能对儿童展示出恰当的态度和技能，我们便不可能对儿童的发展提供积极的影响。我们在工作中所呈现的个人特质甚至比我们所使用的工具更重要。因此，我们首先要关注的是教育策略以及对教育者的适当培训。

行之有效的教育策略往往是众所周知的。几十年来，这些策略不断地被研究、呈现、应用，但它们还没有被概括化地整理过，甚至没有被正确地应用过。人们在运用这些策略时，往往只是倾向于聚焦它们在某些方面带来的帮助。

这些教育策略主要基于六大基本原则。这些原则可以相互补充。在实施教育策略时，应当同时考虑以下原则：

（1）**主动教育**：旨在发展孩子主动参与、自主学习和自我负责的能力，提高孩子的自主性；教育者为孩子提供选择，鼓励孩子自己做决定。

（2）**积极教育**：教育者为孩子提供持续性的支持和欣赏；关注解决办法而非问题；允许孩子从失败中学习，并在学习的过程中重新认识失败。

（3）**合作教育**：以团体过程而非师生关系为中心。教育者关注孩子们彼此之间的互动，关注同伴学习、同伴调解和分享资源的过程。

（4）**多元教育**：教育者为孩子提供包括运动、艺术等在内的具有创造性的活动，丰富孩子的生活；教育者认可多元智力，尊重孩子的成长节奏与个人才能。

（5）**快乐教育**：教育者认可乐趣是孩子的学习动机以及大脑发展的基本组成部分。

（6）**榜样教育**：教育者完全意识到，孩子像任何其他人一样，通过榜样进行学习，通过模仿和整合内化角色模型。

主动教育

这一方法依据的理念是学习更多来自体验而非信息或概念的传递。试误法是学习过程的基础。教学需要通过不同的方式让学习者内化并整合输入的信息。向一个被动倾听的学生提供信息,是效率最低的学习策略。学生自己必须要能够去研究、发现、观察和感受,然后才能从他自身的经验中有所学习并加以内化。在经历这样一个过程后,老师才能提问、检验并总结学生所学。

这种方法要求老师和家长能够放下旧模式,即告知孩童他应该怎么做或应该知道什么。取而代之的是,要为孩童提供探索和自我发现的时间。老师和家长必须要相信这个过程,允许孩子拥有选择的空间以及可能出现的错误。他们必须要为孩子提供能够获得启发的活动,并且通过适当的提问引发孩子获得新的知识:体验到了什么?什么样的方法是有用的,什么样的是无用的?怎么做可以让事情变得更好?你可以怎样达成目标?……

在主动教育中,教育者成为学生学习中的一名教练。教育者会促进学习者的学习过程,而不是把自己的观点强加于学习者。这并不意味着儿童可以做任何他们想要做的事情。这一方法要求成人和儿童之间建立清晰的约定。澄清规则、协议和界限是一个先决条件。这意味着双方是伙伴,彼此尊重,能够安静地交流他们各自的需求、设定清晰的目标,对在协议不能被遵守时可能发生的结果有所预期。

在学校环境中,儿童应当被允许做选择。教育者应尽可能让他们自己进行探索。他们应当被鼓励想象、研究、互动、分享,并对自己的工作进行自我评估。老师在适当时予以支持和指导,管理团体动力。这对很多教育者的教学方法而言是一个大的转变。这是一个不可避免的过程,越快进行,对年轻一代越好。

这个方法显然与之后的其他方法紧密相关,这意味着一种积极正面的态度,建立一种具有合作性、支持性的环境,等等。这为课堂创设了一种非常不同的氛围。如果对学生予以适当管理,就会使学生拥有更高水平的动机和热情、更好的学业成绩。儿童将可以发展出自主性和创造力。通过相互学习,他们将对更广泛的视角持开放态度,他们将可以发展交流技能,并且更加自信。除此之外,老师还可以正确评估需要探索的内容有多少被学生真正地吸收、内化了。

在情商教育中,主动教育显然是至关重要的。存在技能和交流技能的发展主要有赖于能够引发洞见和学习的游戏活动。这些技能不可以被"思考",它们无法通过概念和信息来发展,它们要求学生积极地参与和卷入。无论是怎样的活动,教育者都可以为学习者设立舞台。只有在体验了一项活动之后,教育者才邀请参与者分享他们的学习和洞见。即使面对的是幼童,教育者也必须克制说教的冲动,持续地邀请他们自我表达。

需要自发性和创造性的互动角色游戏被证明是这种方法中的优秀工具。当教育者和儿童都可以进入想象的角色中时,恐惧就消失了,取而代之的是有趣的创造性活动,这为儿童提供了一个学习的舞台。有大量简单有益的游戏活动可供教育者探索和应用。

积极教育

积极教育基于一个简单的事实:关注有用的远比关注无用的更有效;澄清要努力达到的目标比以失败或惩罚相威胁更能激励人。"想象你成功了可以获得什么"比"想想你失败了会失去什么"要有帮助得多。为了立足于这个显而易见的洞见,教育者必须要调整教育策略。首先,教育者将持续支持学习者，重构学习者参与的学习过程。他所做的支持性工作将基于清晰的目标和协议。教育者如同一名教练，将会帮助学习者识别和确立最有用的学习策略。这将会深层改变教育者和学习者之间的关系：不再需要专制主义态度，没有评判，没有指责，甚至也没有失败；只有目标和策略，以及为发展新技能提供的学习机会。从这个角度来说，教育者将关注什么有用，而非什么无用。他将弱化错误，放大成功。教育者持续地欣赏并帮助学习者去看到他们自己已经达成的目标，无论他们的进步有多小。

这个积极的视角，不是在忽略问题，而是在以简明易懂的方式来看待问题，为学习者提供协助，识别可能存在的问题，使学习者认清自己想要的，以及自己可以如何找到解决办法。因此，教育者需要发展适当的、邀请性的提问技能。教育者需要不带压力或责备地持续性地在场并给予支持。教育者不会说"你必须"，而会说"你观察到了什么？""怎样会更好？""你打算怎样做？""你准备做出哪些清晰的承诺？"……

合作教育

在这一方法中,团体被认为是学习环境中一个至关重要的组成部分。例如,教师把师生关系转变为对团体动力的管理,沟通、小组管理、互相支持以及分享资源成为达成教育任务的基石。

在今日之世界,跳出竞争及个人主义对人们来说是一项重要要求。儿童必须要发展出与他人一起和谐有效生活和工作的能力。他们除了玩合作性的游戏外,也将逐渐被引导在学习过程中一起工作。教师与学生之间、学生与学生之间的合作将带来新的体验,学生被要求在一些共同任务上一起工作,互相帮助,达成集体目标。

所有这些都有赖于清晰的约定和良好的工作方法,以及让交流能够顺利开展的支持性的环境。发展这些技能是社会情绪教育的一个重要目标。

法国专家西尔万·康纳克(Sylvain Connac)写道:"我们必须要清晰,合作教育完全与学习过程、个人成长及团体过程相关的新近的科学发展相一致。在这里,需要注意的是,我们的最终目标是工作和学习的效能。是的,合作教育是一项旨在提升教育效能的新的教育策略。它并不是让我们放弃权威位置，它依赖于师生之间已经建立的良好的协议与节奏。它未必会导致混乱与无效的结果。"

为了成功地把合作教育引入学校，我们必须考虑五个因素：

（1）对学生的社会情绪技能进行有效的培训，让他们能够保有尊重地彼此交流、倾听，接纳差异，清晰地表达要求，解决冲突，等等。

（2）创设积极互动的氛围，使学生可以在其中完成任务，分担责任，表达共同的议题，解决共有的问题。

（3）当不同能力水平的成员面对共同的团体任务时，成员必须要彼此学习，分享资源，一起达到共同的目标。

（4）所有成员共担责任，每一个成员都必须能够展示他（她）建设性地参与到了学习过程中。

（5）时常对团体过程进行评估。团体本身可以探索事情能够如何得到改善。

如今，全世界对合作教育的意识和兴趣好像都在提升，这是一件好事。不过，还有两大方面需要考虑：对教师的培训以及对学生的培训。要使用合作性的教育方法，师生都必须发展适当的技能，这样才可能获得有意义的结果。

合作性的游戏活动，可以在团体中创设一种支持性的氛围，促使成员设定团体协议。教师在课堂中运用合作性的教育方法，将把解决问题的责任从教师身上转移到团体身上。这些是在正确的方向上前进的关键要素。当人们在正确的方向上前进时，社会情绪学习将会被证明为提升学业成就以及塑造成功生活和社会环境的基石。

多元教育

基于多元教育视角，人们认为教育不能只是遵循一种标准、一种节奏、一个目标、一种方式。每个儿童都是不同的。每个人的节奏、天赋和适合的学习方式也是不同的。我们需要通过以下三种方式来对孩子们进行多元教育。

（1）关于多元智力：在教育中，我们必须使用丰富多样的导入方式促进孩子学习。我们不仅会通过进入左脑的概念性信息进行学习，也会通过肢体运动、视觉、触觉、感觉等进行学习。甚至情绪环境也会影响儿童大脑的发育和学习过程。所以我们需要为儿童创设能够运用多种感知觉进行学习的机会。

（2）每个人都是不同的。教育目标应当与个体的需要和节奏相匹配。儿童应当被尽可能地鼓励做出自己的选择，并设立自己的目标。

（3）在教学评估方面应当考虑个体差异。教育者应当教会学生，如何对自己的进步进行自评、如何与他人互评，而非让他们只依赖成人的评估。最为关键的是，教育者应具备识别个体独特能力与天赋的能力，这样一来，每个学习者才能够找到最适合他的创造性的表达方式。教育与发展不可能只有一条路径。

被动地听讲不是最有效的学习方式，阅读、书写和谈话显然是吸收和内化新信息的补充方式。社会情绪教育强调行动和关系的重要性，强调为学习者创设激发动机和提高专注力的适当氛围。它提供了一些不同于学校书写、阅读模式的实操性活动，这些活动聚焦于交流和乐趣，以画画、故事、行动和创造性的表演等方式进行。学习情境会通过多种不同的形式呈现，因而，所有类型的感知觉和智力都可以找到表达自身及被认可的方式。

明确每个学生都有很多不同形式的智力是有帮助的。智商和情商只是这些智力中的两项。每个人都有自己独特的天赋才能。

自主和自我负责是两项情商技能。这两项技能能够在学生所有学科的学习过程中发挥作用，使学生日益进步。选择和承诺在这两项技能中扮演重要角色。

快乐教育

那些和动物工作过的驯兽师们都知道，如果他们可以让动物感觉到被爱和有趣，那么训练就会得到最好的结果。既然如此，那么比照这样的方式对待人类有何不可呢？有趣是动机的关键因素。无趣，便没有学习。儿童的学习方式就是玩耍。如果你把趣味和欢乐都拿走了，你也就拿走了他们专心致志吸收新知识的学习能力。

不仅对于幼儿期和学前期的儿童来说是这样，对于其他年龄段的儿童乃至成年人来说，也是如此。学习要有趣，工作要有趣。然而，这个有趣并非指搞怪，一个人可以在做非常严肃的工作时拥有乐趣。

在社会情绪学习中，乐趣可以与非常具体的学习过程相关联。我们玩"游戏"，但是我们必须在广泛意义上去理解"游戏"。游戏包括自发剧场、角色扮演、合作性的讲故事或画画，也包括有小组形式的教育活动，就具体问题分享个人见解。教育者无论提供怎样的活动，总是要引领学习者分享他们的感受和洞见。

玩游戏远不只是有趣这么简单，还会带来很多好处。它会让人们彼此建立起联结，能够倾听彼此，发现平日没有机会观察到的关于自身及他人的某些特质。它允许人们变换角色和形象，放下固有的面具，在一个安全的环境中体验和冒险。它帮助人们创建一种开放信任、相互接纳和支持的氛围。

有趣的活动还会帮助我们发展创造性。此外，它们还有赖于清晰的规则，这是创设有趣的学习体验的条件。如此，教育者便为学习者理解和遵守协议的重要性提供了绝佳的体验，这也是积极融入社会的首要条件。

游戏活动显然有赖于教育者的带领能力。带领者需要创建良好的场域，使用简单清晰的引导语，对团体里发生的一切进行细致入微的观察，能够应对预期之外的挑战，等等。所有这些都要求带领者经过一定的培训，有过相关的体验，但这些内容是比较容易掌握的。

榜样教育

儿童，尤其是幼童，是通过模仿而学习的。他们会内化榜样，模仿和重复他们所看到的，而不是去做那些他人告诉他们要做的事情。因而，向他们展示我们希望他们发展的技能尤为关键。示范在情商教育中是一个基本原则。大多数人都只是在知识层面理解了这一点，而我们的很多行动依旧呈现出错误的典型状态。我们成人必须要能够承认自己的错误，认识到我们始终处在学习的过程中。没有人是完美的。父母和老师并不是非得完美，但他们应当努力学习和成长。当我们出错时，告诉儿童我们可以从中学习到什么，这将成为儿童的好榜样。但最好的榜样是，我们可以真正呈现我们的耐心和爱，我们的倾听能力，我们的坚定和力量，而不是屈服于他们的压力。

所以，向成人提供培训是重要的。不单儿童需要情商教育，教师和父母也需要，而且教师和父母应该是首先被教育的。没有他们的积极投入，就不可能有显著的结果。情商教育在根本上是一个集体的事业。为儿童创设健康的成长环境，需要我们持续地呈现出我们想要他们发展的价值观和技能。

6 如何设计并带领情商教育活动

情商教育活动要求有一定的节奏和连贯性。这种项目只有在持续了几个月甚至几年后才会有明显的效果。理想的安排是每周有一到两个小时的课程，最少也要每周有半个小时的时间，学生团体可以利用这个时间聚在一起，处理他们的群体动力。

无论以怎样的节奏进行团体活动，教育者一定要确保游戏和活动、玩和学的平衡，这也可以维持团体较高的士气和学生们参与的热情。

开展游戏活动通常需要一个开放的空间。这一空间要足够大，以便所有人都可以自由地活动。你或许可以在与常规课程不同的教室里上课，这样可以为学生的新体验提供一个新的环境。

引介情商教育

针对十几岁的学生,你可以让他们大致了解这项教育的目的是通过游戏、小组过程和教育活动等,使他们学习一些基本的交流技巧。邀请大家开放坦诚,与自己的感受密切联结。在游戏活动结束之后,会设有分享时间。你需要向他们介绍一下分享圈的形式和规则。他们会逐步适应并习惯这些活动和规则,因为这也是大家协同学习的最为重要的部分。给他们简单介绍你们将要探索的主题。再次向大家强调:首要原则是要放松和愉快。在上课之前,你要确信你们已经就一些基本协议达成一致。

当然,如果你和年幼的孩子一起上课,你可能不得不跳过引介这一部分,直接开始执行计划好的活动。

介绍主题

在本书的不同章节,你将看到不同"主题"的活动,这些主题是情商教育项目里最为核心的部分。这些主题明确了我们需要掌握的技能,因此,妥当地介绍每一主题是很重要的。在情商教育中,我们有很多不同的工作方式,根据主题及团体成员年龄的不同而有所变化:

- 带领一个合适的游戏活动;
- 通过引导性的放松练习提供一种直接的内在体验;
- 运用一些具有启发性的故事或阅读材料来呈现;
- 在分享圈中探讨议题,比如"这对你来说意味着什么?"
- 提供一些基本概念和信息。

你可以连续几个课时都围绕一个主题进行,但你要确保教学进程中游戏和活动的比例要适当。

情商的主题从来不会被彻底地挖掘,你可以在日后的课程里再回到这些主题进行更深一步的探索。

引介游戏

要提醒你的学生"放松且开心"地进行游戏:游戏无关输赢,也无所谓做得"好坏"。我们不会评判他们的表现是好是坏,而是会告诉他们,我们只会关心他们是否开心,是否在体验中有所观察和学习。我们还会告诉他们，每次游戏活动之后，他们都有机会分享自己的体验。

对于每一个游戏，你都要尽可能给予简单、清晰的引导语。适当的准备和演练是非常有帮助的，比如把游戏的基本程序写在卡片上，等等。在游戏开始之前，你可以为学生们做个示范，并且一定要核实他们是否有疑问。

开展游戏

在带领活动的过程中，带领者应总是保持机动灵活，随时准备做出某些调整。有时候，我们需要果断地打断某个进行中的游戏，然后进行更多的解释和引导，比如你可以说"请大家停一下……"或"先不要动……"。要不断地观察每个参与者，注意他们的需要。

带领者还需要注意把握时间，避免因为时间紧迫而催促大家快速完成游戏。如果发现参与者对某个游戏的热情已经减退，就要把大家集合起来分享体验或转而进行其他活动。一定要保证参与者有充分的时间开展游戏，分享在其中的感受及获得的洞见。

分享圈

分享圈是情商教育中的一个关键部分，犹如团体动力跳跃的心脏。通过分享圈，团体成员可以充分、透彻地表达和沟通，这使得团体成员可以真正在一起，作为一个集体共同面对现实。不过这是有条件的。团体的能量必须得到"管理"，沟通也必须遵循一定的规则。在设定了分享圈协议后（如果有必要，可以做一张海报），带领者在任何需要的时候都可以提醒参与者协议的内容。在分享时，围成一圈的形式在目前看来是最合适的，因为这会让人感觉更安全、开放，更容易融入其中，参与者们也能够更好地看到彼此。

带领者作为引导人，要避免让参与者进入分析或争论之中，要终止他们不相关的评论，让他们重新回到具体问题、个人洞见和学习过程上。

结束活动

在结束活动前，要留出足够的时间来进行总结，避免让参与者留有未能表达的感受或未被处理的疑问。即使你的课程没有按原计划全部完成也没有关系，下次课再继续进行。让每次活动都在温和而正面的氛围中结束。

在团体中创建信任感和安全感

在团体中为成员创建信任感和安全感，可以采取以下方式：

- 在团体活动中使用信任游戏；
- 在团体相聚和分享时采取围圈的形式；
- 制定清晰明确的团体规则；
- 为参与者赋力；
- 让表达焦虑的参与者感到放松安心；
- 展示高品质的临在、倾听与共情；
- 帮助团体成员建立联结感；
- 打破自我构建的图景和形象，创造新的自我接纳、彼此接纳和联结；
- 将注意力聚焦在活动上，远离头脑控制，回到此时此地，放下评判；
- 逐渐地邀请参与者放下防御，承担风险和敞开心扉。

合适的态度

沟通:

- 避免说得太多;
- 你的声音要柔软而有力量,不要大声喊;
- 表达简单的、清晰的、具体的想法;
- 询问参与者是否有疑问;
- 参与到活动中,并提出一些有启发性的问题,邀请参与者融入,保持空间的开放;
- 对不同的观点持开放的态度;
- 注意非言语信息;
- 在每次活动结束时,回顾那些主要的洞见;
- 展示高品质的临在,与参与者保持眼神接触,放松,沉稳,从容自在;
- 保持热情洋溢、轻松和信任的状态。

要以身作则:

- 承担责任,尊重并欣赏他人;
- 不评判,不指责;

・倾听，确认接收到的信息，并给予认可；

・态度真诚，积极反省，并提出开放性的问题；

・时刻提醒参与者围绕"主题"发言，明确团体的学习目标；

・引导一个团体的活动进程，尽可能多地参与到团体活动中；

・避免让参与者产生失败感。

让整个课堂处于可控的秩序之中：

・注意控制时间，不要让时间过长，也不要过短，避免草草结束；

・保持合适的节奏，不要太慢，也不要太快；

・给那些比较沉默的人以发言机会；

・如果发现讨论有偏离主题的倾向，须带回；

・指定（比较沉默、退缩的）参与者做示范；

・避免让关系紧密的团体成员始终在一个活动小组；

・对团体内发生的事情保持觉知；

・如发生不利事件，要暂停并借此机会展示如何在挫折中学习；

・灵活应变，在任何时候都准备好创造性地应对意外状况。

制定规则

参与者必须同意：

- 尊重分享圈规则；
- 做到真正地临在，积极地参与；
- 互相尊重，友好对待彼此；
- 开放，真诚，坦率；
- 使用恰当的语言和行为；
- 避免任何形式的身体或语言暴力；
- 其他合适的规则。

激发理解与认识

带领者需要：

- 引导学习过程，而不是"传授"信息；
- 提供体验而非答案；
- 让参与者自己去发现；

- 邀请参与者分享从中学到了什么；
- 提出开放性的问题，适当聚焦于"怎样""为什么""是什么"；
- 避免打断、分析、贴标签或者提供任何心理评估；
- 倾听，观察，镜映；
- 集中注意力；
- 认可参与者的感受、需要和选择；
- 为参与者赋力。

为学生赋力

赋力具体意味着什么？

充分信任每一个人都有能力应对和找到解决方案：
- 你可以，你可以学会。
- 没有失败，只有经历。
- 你可以相信你自己，相信你的身体，相信你的感受。
- 解决方案在哪里？

鼓励独立性和探索，同时提供恰当的界限：

- 错误是极好的学习机会。
- 保持探索,比如"你可以怎样解决这个问题?"。

认可选择、努力、技能、学习过程、感受、个人节奏和学习风格:

- 这太棒了!
- 你学到了什么?
- 这是你的感受,这是可以的。
- 这是你的想法、你的信念、你的意见,这是可以的……
- 这是你的选择,这是可以的。
- 你想要什么?你的选择是什么?
- 你的意愿是什么?
- 聚焦于解决方案、学习过程和下一步的行动。

持续鼓励:

- 非常好,你做得很棒。

表达接受(看见而不带评判):

- 这是可以的!

- 你这样没有问题。
- "无论你感受到什么,都是可以的。"

去除对行为、态度、思想和感受的认同:
- 你不是你的态度、你的思想、你的感受。

回到内在资源,识别有力量的内在空间(内在父母):
- 一个完美的充满爱的父亲或母亲会怎么做、怎么说?
- 当你想象你已经完全摆脱这个问题时,你会有怎样的"感受"?
- 在这个问题出现之前,"你"是怎样的?你那时有什么感受?你可以回到那个时刻吗?

提供支持与赞赏:
- 太精彩了!你在进步!
- 你已经取得了很大的进展!

邀请承担责任:
- 你可以看到你的选择导致了什么样的结果吗?这是你想要的吗?

- 任何你所做的都是你选择去做的。
- 任何你看到的都是你选择去看的。
- 任何你想到的或感受到的都是你选择去想或去感受的。
- 你不是任何人的受害者。
- 你是你自己的现实的100%的创造者。

使用一些赋力的语句：

- 你很好。
- 回到此时此地。
- 任何你感受到的，都是你可以去感受的。
- 你不是你的态度、你的思想、你的感受。
- 你怎么样？你的感受、你的需要、你的意愿是什么？
- 你的感受表达着你的需要。
- 解决方案在哪里？
- 你想要什么？你的选择是什么？
- 你是你自己的现实的100%的创造者。
- 你行的，你可以学习。
- 没有失败，只有经历。

- 你可以信任你自己，信任你的身体，信任你的感受……

可能出现的问题

一旦在团体中出现混乱、破坏或者攻击性的态度，你可以：

- 积极地倾听。映射出团体成员非言语的信息，邀请他们用语言把感受表达出来，识别出自己真正的需要，正确地提出请求。
- 澄清目标。询问"你想要什么？"。
- 让整个团体参与进来。
- 帮助团体成员识别问题或需要所在。
- 帮助团体成员寻找解决方案。
- 尽可能地聚焦于学习过程，认可团体成员的选择。
- 如果混乱不可避免，那么你可以采用一些创造性的正向惩罚措施。惩罚的目的是帮助团体成员融入，而不是责备和排斥。惩罚要以尊重和具有支持性的方式呈现。

7　有效的学习不只与智商有关

有效的学习是感觉、思考和行动的结合。它需要：

· 一个具有支持性的环境；

· 建立在自信、希望和动机基础上的积极态度；

· 能够帮助你从压抑、自我怀疑和负面行为中走出来。

有效的学习来自建立在良好关系基础上的合作。低情感支持会导致较差的学业表现。

因此，教师必须掌握必要的情商技能，才能获得令人满意的效果。高情商教学应该得到广泛普及。

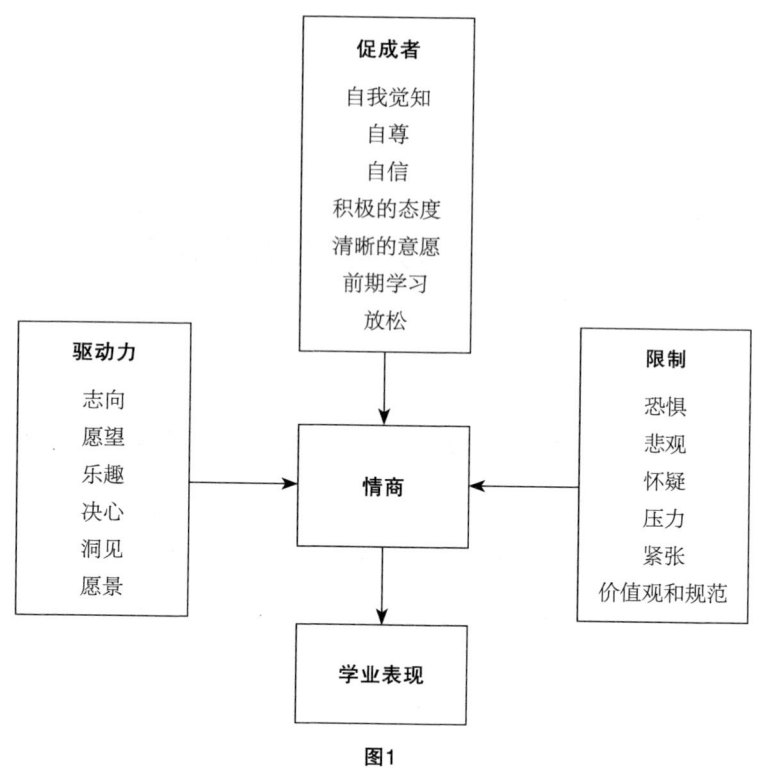

图1

高情商教师

高情商教师往往具备以下特点：

喜欢积极地学习。

他们会：

- 设定大家一致同意的规则,而不是强迫学生遵守纪律;
- 支持积极参与、自我学习及研究,激发学生得出自己的见解;
- 引导学习过程而不只是提供一些信息和评估学生的接受情况;
- 提出好的问题而不是提供答案;
- 允许学生自定目标,自我评估;
- 帮助学生识别和设定目标。

能够创造具有支持性的环境。

他们会:
- 聚焦于为学生赋力,认可他们的选择;
- 帮助学生识别资源(包括自信、乐观、坚持不懈、承担风险、快乐、自我管理等);
- 给予学生支持和欣赏,关注他们哪怕是点滴的进步,而不是指出失败的地方;
- 帮助学生把负面的思维模式重构为正面的肯定和确认;
- 保持轻松愉快的课堂氛围,让学生感受不到太大压力。

能够促成整合的环境。

他们会:

- 认可不同的学习方式和学习节奏;
- 为学生提供多种不同的方法,包括一些非常规的方法(比如运用视觉、听觉、动觉、运动、身体语言、右脑的方法);
- 喜欢团体活动和团队协作;
- 营造一个相互尊重、融洽的团体氛围;
- 帮助学生珍视自己,彼此欣赏;
- 认可和欢迎各种情绪。

低情商教学	高情商教学
讲授,学生被动	学生探究,主动
传递信息	体验导向
关注学生吸收的情况	促进学生的学习过程
对错教学法	认可多样化
好学生和坏学生	不同的学习节奏和方式
竞争性	合作性

比较，按照分数排名	欣赏每个人独有的品质
威胁，恐吓	邀请，提问
权威的	支持的，赋力的
利用权力或权威强制执行规则	利用技巧让学生积极参与
施压	放松，愉快，有热情

8　教学策略的新范式

我们正在从一个陈旧的教学时代,迈向一个拥有教育教学新范式的时代。教师在这里面责任重大。我们愿意生活在一个竞争激烈的世界,被恐惧和不安全感支配吗?在这个竞争激烈的世界,每天都有无数的胜利者和失败者被生产出来,不信任和虐待运转着一切……还是说,我们想要生活在一个充满合作的世界里?在这个世界,每个人都能在其中找到自己的位置。人们彼此关照,人们的责任感和正直的精神可以使人们彼此信赖。这个世界生产着高品质的产品和服务,冲突可以以双赢的方式被解决。

社会情绪教育不仅关乎身处其中的个体的个人成功,而且事关创设一个我们想要生活于其中的世界。

整个世界有关这方面的意识都在提升。很多国家已经为学校设定了教育指南,以引导它们进入这个新时代。学校的关注点，从对儿童的教学，缓慢转向更有效的教育方法。在这种方法下，学生的动机和注意力水平、存在的技能（being skills），如同传统的学习科目，会被纳入考虑范围。

我们依然有很多事情要做。这只是一个开始。但是潮流已经来到，并且看起来是不可避免的。这个世界正在往前迈进，就像一列已经设定了清晰目的地的火车。教育者的责任是确保自己在火车上。现在，是我们利用这些更合适的教育工具继续前进的时候了。

情商教育：游戏和活动

1　在团体内建立信任和安全感

社会情绪教育（即情商教育）在很大程度上依赖于团体活动。团体犹如一个子宫，团体成员能够在此得到必要的洞见。在这样一个安全又特别的环境中，人们遵循已经设定好的规则和程序，通过互动探索彼此的体验，学习到新的内容。因此，在情商教育中，教师教学的焦点从师生关系转变为团体动力。教育者不再是知识的提供者，而是团体进程的促进者（facilitator）。学习者通过个人的体验和与团体的互动进行学习。学习的发生是从内而外的。团体本身成了首要的教育工具。因此，分享圈和清晰的沟通规则对于团体活动而言是很重要的。只要团体带领者能够为团体创建彼此信任的、开放的氛围，团体就可以在体验中自然呈现其动力。

在情商教育课堂上，一个基本要求就是，所有参与者持善意的态度对待彼此、整个团体和教学进程。因此，带领者的首要任务是让大家感受到一种积极而富有动力的团体氛围。带领者应用恰当的语言开场,由内而外散发着信心与热情。带领者支持团体中的每一个人,绝对不会批评任何一个人,总是确认参与者表达的信息,总是认可每个人,并为其赋力。

在课程的开始,以适当的方式向团体成员介绍情商教育是重要的,这样可以创建和谐的团体氛围,帮助参与者建立信心。如果团体氛围紧张,还存在着不少未解决的冲突,那么带领者能觉察到这些是很好的,可以酌情安排一些导入性的活动,旨在解决这些冲突背后的需要。

在课堂中,尽量使团体成员采取围圈坐的方式进行团体分享,因为这种形式最有利于创建安全的环境。当人们这样坐时,每个人的位置都是互相平衡的。这样坐可以让每个人都参与其中,有利于达成一致的见解。

最为重要的一点是,一些简单的活动可以帮助团体成员建立起快乐轻松的氛围。带领者可以根据团体的需要精心挑选第一批游戏,让团体成员在轻松愉快的氛围中营造安全感。你可以从下面的内容中挑选出一些适合你的特定的团体活动。

活动

活动101　男孩和女孩：组成数字　　（7岁以上）

分别以一个特定数字来代表男女两个性别：比如男孩是2，女孩是3。然后带领者报出某个数字，让成员快速组合使得数字相加之和为给定的数字，比如组合成5，6，7，8，9，10，11，12……

注意：这也可以是分小组的方式之一。

活动102　互相轻拍　　（6岁以上）

三人一组。一人站在另外两人中间，弯腰，手臂自然下垂，放松。另外两人站在两边，轻拍中间这个成员的全身，从脖子到后背，到臀部，到双腿。两人在拍打时要保持节奏一致，轻重适宜。三个人轮流体验。这种轻微而又充满能量的按摩，既是一种很好的身体接触方式，又能保持彼此之间的尊重。

活动103　生日排序　　　　　　　　　（8岁以上）

所有团体成员站成一圈。带领者引导:"这是一个安静的游戏,不能高声说话,不能窃窃私语。游戏的目的是让我们通过嘴巴以外的任何方式来沟通。现在,请大家按照生日进行排序,从我右边开始是年龄最大的,靠近我左边的是年龄最小的,我们需要精确到小时。谁要是站错了位置,就要到圆圈中间跳一支舞。"当团体成员都找到了自己的位置时,带领者依次检查他们的生日(年月日,如果必要的话,精确到小时)。

活动104　团队解"结"　　　　　　　　（6岁以上）

将团体分为若干小组,每组成员约为10~12人。小组成员围圈而站。带领者让他们把手臂举起,与肩同高,然后都伸向圆圈的中心。这样,所有人的手都可以有所接触,并交叠在一起。"现在,我数到三,用你的两只手分别温柔地去抓住一只手,确保你不要抓住同一个人的两只手,也不要抓紧挨着你站立的两个人的手。一、二、三……现在,你们这个小组就打了一个'结',请你们试着解开这个结。在解的过程中,你们可以改变握手的方式,但不能松手。试试看能不能找到最好的方案,让整个小组解开这个结,重新变回一个圆圈。"

注意:

1）如果大家在活动过程中被卡住了，试着返回可能带来改变的那一步。

2）如果最后解开时是两个圆圈，这也是对的，你们可能没有办法把两个圆圈变成一个圆圈。

针对幼童的替代方案：让一个孩子站在圆圈的外面，试图去解开这个"结"。让其他孩子站在圆圈里，互相抓住手，通过迈过去或者钻过去打成一个"结"（手不要松开）。当他们已经非常好地纠缠在一起的时候，让外面的孩子来解这个"结"，让整个团队再回到圆圈状态。

活动105　各式行走　　（6岁以上）

时间：10分钟

带领者首先邀请参与者以自然放松的方式行走，请他们感觉自己行走时身体的感受。然后邀请参与者探索自己在不同的行走速度下的感受，比如正常速度、快速、慢速、慢跑，等等。

带领者可以突然叫停，比如，你可以说："停！走。在滚烫的沙子上走。"

你还可以说："你可以想象自己正在水里走，在海底走。你的身体是轻盈的，但是水会降低你的移动速度……"

"你可以变成海藻,和水流一起舞蹈。"

"现在,像士兵一样正步走,一、二、三、四。"

"像一个国王或王后一样走。"

"像一个婴儿刚刚开始学习走路那样走。"

"像一只老鼠(一头大象、一只兔子、一只螃蟹、一只袋鼠)那样走。"

"像一个盲人那样走。"

"像身有残疾(一只脚、腿或后背、脖子等残疾)那样走。"

"踮着脚尖走……用脚跟走……两个膝盖贴在一起走……"

"小碎步走。"

"大步跳跃着走。"

"在长途跋涉之后精疲力竭地走。"

"去学校要迟到了,紧张地有压力地走。"

"骄傲地走……疑惑地走……尴尬地走……"

活动106　"盲人"探索　　　（6岁以上）

你可以参考以下指导语:"两人一组,你们需要确定好谁是甲,谁是乙。这是一个不说话的练习,在整个活动中,你都要保持沉默。甲首先蒙住眼睛（或者闭着眼睛）。乙用手领着你的伙伴，让他去触摸和体验屋子里的各种物体或人。不仅可以用手体验，也可以用其他的感官，比如听一听，闻一闻，尝一尝，接触，发现……你们要一直保持对彼此的尊重。这是一个信任游戏，十分钟之后，你们交换角色。"

活动107　形成团队意识　　（9岁以上）

将团体分成5~6人的小组。参与者以小组的方式聚集，独立思考下面的问题并写出答案。然后每个人分享自己的答案，一起找出共同点或不同点，相似之处或互补之处。最后，要求参与者汇总这些信息并为自己的小组制作一张海报。海报可以以图画和文字的形式呈现，需要反映出他们所有人的信息。

问题：

- 我的昵称；
- 我想要出生的年代（某一历史时期）；
- 我的座右铭；
- 我心目中的英雄（我想成为的人）；
- 我最喜欢的书（读过很多次）；
- 我的三个优秀品质；
- 我的三个缺点（或者挑战）；

・五年之后我想成为……

之后向整个团体汇报展示。

活动108　我的团体　　　　　　　　（6岁以上）

你可以参考如下指导语：

1）"写下你们班级或者小组中每一个人的名字。"

2）"你认为他们希望被怎样描述？"

3）"在每个名字的旁边写下一个善意的形容词。"

4）"与大家分享。"

替代方案：每个孩子把自己的名字写在一张大纸的中央，然后把这张纸贴在墙上。所有的孩子围着教室走，在每一张纸上写下一个友好的词汇来描述这个人的品质。当所有的纸上都写满了欣赏的品质后，由这张纸的主人取下这张纸，大声读出来。

活动109　闭目行走，相遇，跳舞　　　（6岁以上）

指导语："每个人都戴上眼罩。在房间里自由行走，不要讲话……现在，走得慢一点，触碰你遇到的人。在你感觉舒服的范围内去探索这些触摸的体验……当你觉得已经好了就离开……不要回避迎面而来的触摸……觉知你的感受、需要，你是怎样通过你的态度、触摸表达这些的……"

在他们互相触摸之后，邀请他们继续戴着眼罩跟随一段音乐自由地舞蹈，至少跳五分钟。最后，你可以邀请他们回来，再次围成一个圆圈，然后再取下眼罩。

讨论：分享感受、启发。

活动110　音乐雕塑　　　　　　　　　　（3岁以上）

准备好音乐，让参与者跟随音乐舞蹈。当音乐停下时，参与者需即刻以当下的姿势"冻住"成为一尊"雕塑"，还在动的人即被淘汰。再次快速开启音乐，重复这个环节，直到有人最后胜出。被淘汰出局者可以协助你指出该"冻住"时却在移动的"雕像"。

活动111　召集　　　　　　　　　　　　（7岁以上）

人数：15～30个人。

所有参与者围圈坐在椅子上。一个人站在圆圈中间，然后移走一把椅子（所以人数会比椅子多一个）。站在中间的那个人来"召集"那些具有某些特定特征的（比如穿长裤的、穿红衣服的、穿皮鞋的、穿靴子的、戴眼镜的、长头发的）人。游戏者说"我召集那些……（具有某些特征的人）"，具有这些特征的人需要站起来并换椅子。此时，召集者试图找到座位并坐下。最后那个没有座位的人就是下一轮的召集者。他开始新的召集，但是不能使用曾经用过的特征。游戏可持续10分钟。

替代方案："水果沙拉"（针对5岁以上的儿童）。每一个游戏参与者都会被分配一个水果的名字（游戏参与者围坐成一个圆圈，你可以沿着圆圈，按顺序指着参与者说"香蕉、苹果、橘子、草莓、香蕉、苹果、橘子、草莓……"）。一个人走进圆圈，然后你把他的椅子拿走。这样就少了一把椅子。在中间的人召集一种"水果"（或者两种，或者三种，或者"水果沙拉"，"水果沙拉"指"所有的水果"）。被召集的人必须站起来并换椅子，此时召集人必须找到一把椅子。最后那个没有座位的人就是下一轮的召集者。

活动112　冰山上的企鹅　　　　　　（4岁以上）

这个游戏能让孩子真实地体会到分享的意义。

材料：方毯或大的方形的纸（报纸）；音乐。

步骤：

1）将方毯或纸放在开阔的地面上，方毯的数量应该少于小朋友的数量；

2）向孩子们解释：在活动中，方毯或纸就好比冰山，所有的参与者就好比企鹅。当音乐响起时，他们要在冰山以外的地方活动；当音乐停止时，每个人都要找到一个冰山去站着，并与其他小朋友一起分享。

3）向孩子们演示，如何让几个人同时站在同一块冰山上。

4）播放音乐并且鼓励孩子们跟着音乐走动。

5）暂停音乐并告诉孩子们站到一块冰山上，提醒他们有的冰山上会有不止一个孩子，所以他们需要去分享这个空间！

6）重新播放音乐并移走一块方毯。孩子们要继续走动。

7）暂停音乐。所有孩子都需要在剩下的冰山上找到他们自己的位置。

8）继续移走方毯，直到只有一块方毯（如果你有足够大的地方可以放下一张很大的方毯的话），或者保留两到三个较小的方毯，能够让所有的孩子都来分享这个空间。

活动113　谁是组长？　　　　　　（8岁以上）

人数：10～20个人。

时间：10～15分钟。

让一个志愿者暂时离开这个房间（确保他不会偷看、偷听）。剩下的人站成一个圆圈，然后推举一个人成为组长。组长要尽量做到不要被发现。这个组长要开始做一些特定的明显的动作，其他人要跟着模仿这个动作但是不要很明显地看着组长。组长要经常换动作，尽可能多地换。可以做任何动作，比如抓或者轻拍身体的某一部位，移动一下手或者脚，拉小提琴，转眼珠子或者其他动作……然后把门外的志愿者叫进来。他要猜出谁是那个组长，共有三次机会，不能超过三分钟（带领者记得看着表）。如果他失败了，他必须表演点什么（一段舞蹈、一段哑剧，只要是能让大家笑的表演）。如果他成功了，那个组长就出去做新的"志愿者"。

活动114　不许笑！　　　　　　　　　　（4岁以上）

选一个孩子当"顽皮的小鬼"，他必须使别人发笑。游戏在一段音乐中开始，孩子们伴着音乐自由地舞蹈，"顽皮的小鬼"也参与其中。当音乐停止时，除了"顽皮的小鬼"，所有人的动作都必须停止，成为"雕像"。"顽皮的小鬼"四处游荡，尽力让这些"冻结"的"雕像"笑出来，但不能够触碰他们。谁坚持得最好，当音乐再开始的时候，谁就是下一个"小鬼"。

活动115　找到你的动物伙伴　　（4岁以上）

每个游戏参与者得到一张动物卡片（狗、猫、猪、鸭子、奶牛、小鸡等）。每一张卡片都对应另一张一模一样的卡片。所以，会有两个人持相同的卡片，但是没有人知道其他人拿到的是什么。参与者们必须四处走动，依照他们拿到的动物卡，发出属于那种动物的特殊的声音，并寻找他们的同伴。这个游戏最好在大团体里进行。年龄大一些的参与者可以蒙上眼睛玩，这会让游戏更有趣。

另一种适合大团体的替代方案：同一种动物可以有三至五张卡片，所有人都蒙上眼睛。参与者找到他们的动物家庭并排成一个队列。当一个参与者找到他的动物家庭后，他要找到队列的末端并加入他们。

活动116　趣味舞蹈　　（4岁以上）

材料：面积约1平方米的丝巾（或者布、大围巾）。

步骤：

1）播放活泼的音乐，邀请成员自由地舞动。当带领者指向或说出身体的一个部位时（如左手、胳膊肘、额头、肩膀、臀部、右脚等），参与者们需要就近找到一个伙伴，并连接身体的那个特定部位，继续跳舞，直到带领者给予新的指示。然后他们再次分开,单独跳舞。

2)参与者每人拿一块丝巾,随着音乐的节奏摇摆丝巾跳舞。

3)仍然以音乐为背景跳舞。带领者邀请参与者们模仿一种动物。参与者可以在地板上滚动或像小猫一样伸展,像青蛙一样跳,像鸭子一样走路,也可以一边跳舞一边模仿声音……

活动117　音乐圈　　　　　　　　　　　（5岁以上）

在地板上画一些圆圈或者放些呼啦圈。每个参与者分得一个。当音乐响起时,参与者们在圆圈的外面跳舞,当音乐停止时,每个人都进入一个圆圈。当音乐再次响起时,带领者擦掉一个圆圈(或拿走一个呼啦圈)。当音乐停止时,孩子们必须互相帮助,在圆圈里找到一个地方。再次播放音乐,带领者继续擦掉圆圈,直到所有人都挤满尽可能少的圆圈。

替代方案:当音乐停止时,请他们只是把身体的某个部分放入圈中(比如一只手、一只脚或肘部……)。

活动118　鞋子工厂　　　　　　　　　　（4岁以上）

带领者在地板上随意铺开参与者的一些鞋子,这些鞋子是其中偏大码的鞋子。铺开鞋子的数量是孩子数量的一半,即每个参与者应该可以获得一只鞋子。当音乐响起时,孩子们随意走动,当音乐停止时,他们要找到一只鞋子并穿上。然后,他们去找他们的另一半——给鞋子配对。当他们找到伙伴后,停止走动,让两只鞋子紧挨在一起,直到所有人都找到另一半。

活动119　渔夫　　（5岁以上）

所有参与者在房间里走动,直到带领者说出下面三个词中的一个:"渔网""渔夫""沙丁鱼"。参与者根据给出的指导语采取相应行动。

渔网:手拉着手围成一个圈。

渔夫:两人一对,一个趴下当板凳,另一个人坐在板凳上钓鱼。

沙丁鱼:他们都冲向带领者,尽可能紧密地挤在一起,第一个碰触到带领者的人将是下一轮的带领者。

活动120　小引擎　　（4岁以上）

准备:你需要准备一些可以放在每个人头上的柔软且有重量的物体,最好是一些小沙包。

参与者把沙包放在各自头顶上四处走动,期间不能触碰沙包。这个沙包就像是一个引擎,能让他们向前移动。如果引擎掉了,他们就得停下来保持不动,一直等到有人过来捡起掉下来的引擎,并放回他们的头上。帮助者需要注意自己头上的引擎不能掉,否则自己也会被冻结。

替代方案:指定一两名"修理工",他们将被蒙上眼睛。丢掉了引擎的参与者可以请求帮助,蒙着眼睛的"修理工"(他们的头上没有引擎)要帮助他们找到丢失的引擎,重新放回他们头上。

活动121　信任倒　　　　　　　　　（10岁以上）

将团体分为7~8人的小组,每个小组的成员肩并肩站成一圈。一个人走到中间,闭上眼睛,双手在胸前交叉(起保护作用),身体必须保持笔直,就像一根木头一样,膝盖和腰部都不能弯曲,脚必须保持不动。其他人必须做好准备接住中间这个要倒向自己的人。然后,中间站着的人让自己向圆圈中的人自然倾斜,倒下去,站在圆圈中的人用手将其轻轻推回。几分钟后,另一个参与者到中间来体验。

注意:确保参与者们在完全安全的环境下进行游戏。不要有任何冒险的可能性,不要让中间的人摔倒。如果参与者体重较重,圆圈就紧密一点,保护者两脚可以前后站,以便可以承受更多的压力。这是一个信任游戏,不是一个戏弄人的游戏。

活动122　肩并肩　　　　　　　　　（5岁以上）

参与者们在一个开放的空间里走动。带领者首先给出指令："肩并肩。"参与者们必须两两配对，"肩并肩"地走。带领者接着给出其他指令，比如"手拉手""脚挨脚""肘对肘""腰靠腰"……参与者们继续根据这些指令增加一些身体部位的变化（不是做完一项再做下一项，而是叠加完成所有指令），直到无法走动。

活动123　摸地板　　　　　　　　　（8岁以上）

三人一组。参与者必须互相接触并触摸地板。接触点（指身体与地板接触的点）的数目要符合带领者给出的数目。比如，单脚算一个接触点，双脚是两个接触点，双脚加一个手指头触碰地板则算三个，以此类推。带领者可以提高数目（比如11，12，13，14，15……），或者减少数目（比如4，3，2，1……）。

活动124　无线通信　　　　　　　　（6岁以上）

参与者们手拉手站成一圈。带领者为这个团体指定一个人，让他作为引领者。他先发出一个信号，比如握右边人的手几次，然后右边的人继续发出同样的信号往下传，直到信号回到最初的引领者这里。他可以检查一下信息是不是被歪曲了。下一个信号可以朝两个方向发送,甚至可以将几个信号合并起来传送,只要游戏场面可控即可。

替代方案:

1)参与者们可以闭上眼睛做游戏。

2)可以用言语信息代替握手传达的信息。

3)可以让游戏更好玩儿一些。比如在传递言语信息时可以递出一个小东西(任何东西)。引领者一边递出这个东西一边说:"这是一个踢克。"接收者问:"一个什么?"引领者重复说:"一个踢克。"接收者可以拿着它传向下一个人。就像这样:"这是一个踢克。"——"一个什么?"——"一个踢克。"……然后到下一个接收者:"这是一个踢克。"——"一个什么?"——"一个踢克。"……一直沿着圆圈继续传递。过一会儿,初始引领者可以从另一边开始传递。"这是一个踏克。"——"一个什么?"——"一个踏克。"……

活动125　蛇蜕皮　　　　　　　　(5岁以上)

参与们站成一列,互相扶持:左手握住前面人的右手;右手必须从腿下面穿出去握着别人的左手。这样,就形成了一个有趣的蛇形链。然后,手不要松开,链的最末端的人开始从前面人的腿下面穿过去，继续穿过下一个人的胯下，其他的人都跟随。蛇穿过所有的路，不能中断。

活动126　咕咕坐好了吗？　　　　　　　　（6岁以上）

参与者们围坐成一圈。其中一个人走到中间，蒙上眼睛，他就是"咕咕"。"咕咕"被转了好几圈，所以他已经不知道谁坐在哪儿。看不见的"咕咕"走过去坐到一个人的膝盖上，那个人就会问："咕咕坐好了吗？"问的人要尽量用假声，因为这样不容易被辨别出来。

"咕咕"需要猜出自己正坐在谁的腿上，可以猜三次，猜过一次后，那个声音需要再问一遍："咕咕坐好了吗？"如果"咕咕"猜对了，那个坐着的人就成为下一个"咕咕"。如果"咕咕"猜得不对，他必须再去坐到下一个人的膝盖上继续猜。

注意：在进行这个游戏时，参与者们需要已经熟悉彼此的名字以及声音。对于大一点的孩子，要确保他们能够互相尊重。

活动127　团体雕塑　　　　　　　　　　　（7岁以上）

把参与者分为两组。每一组走到一个角落里，两组之间的距离要尽量远，以确保他们彼此听不见。小组讨论并决定他们将要"雕塑"什么主题。所有成员都必须参与讨论。他们可以站、躺或采取任何其他姿势。他们可以雕塑一个房子、一辆汽车、一辆货车、一颗星星、一只动物……什么都可以。当他们准备好了，两组轮流制作他们的团体雕塑，另一组猜他们雕塑的是什么。

活动128　它在哪里？　　　　　　　　　（7岁以上）

参与者围坐成一圈。其中一个人站在中间，蒙上眼睛。其余的人用手传递一个鹅卵石（或者其他任何小东西）。传递的人只能向相邻的人传递，可以是真传，也可以是假装在传。中间的人睁开眼睛，猜鹅卵石在谁的手里。鹅卵石必须被传递：参与者们不能拿着它超过3秒钟。其余的人可以做假动作来迷惑中间的人。中间的人找到鹅卵石的时候，拿着鹅卵石的人就是下一位到中间去的人。

活动129　机器人　　　　　　　　　　（4岁以上）

人数：10~25人。

时间：约10分钟。

步骤：

1）将孩子们带到一个足够宽敞的可以活动的场地。

2）这是一个让大家扮演机器人的游戏。告诉孩子们什么是机器人，并表演给他们看机器人是怎么移动的，让他们练习。

3）设置这个机器人的程序为：当听到"嘀"一声的时候要向前走；当听到"嘀"两声的时候要转圈；当听到"嘀"三声的时候要停下。

4）教他们如果他们要撞到别人或物体，就站在自己的位置上原地走。

5）提醒他们要注意听"嘀"的声音。

6）说一声"嘀"，让你的机器人走起来。让他们直行，直到听到两声或三声"嘀"。

活动130　动物游行　　　　　　　　　　（3～6岁）

时间：约15分钟。

步骤：

1）孩子们围成一个圆圈。

2）找一个篮子或者口袋，在里面装上动物卡片（每张卡片上只有一个动物），将卡片发给孩子们。每个孩子拿一张，然后模仿卡片上动物的动作和声音。

3）等到每个人都有机会表演一种动物以后，让所有的孩子站成一列，表演"动物游行"。

团体可以在屋子里走动,每个人都扮演他们所代表的动物。

替代方案:孩子们可以只模仿动物的声音,也可以模仿声音和动作的组合。

活动131　触摸颜色　　　　　　　　　（4岁以上）

时间:约15分钟。

目的:拉近团体成员的距离。

人数:12~30人。

准备:轻柔的音乐,一个铃铛或小鼓。

步骤:

1)让参与者随着音乐在场内自由行走。旁边有一个小鼓或铃铛,这是用来给信号的。

2)带领者指定一个孩子敲鼓或铃铛并宣布一个颜色。

3)所有的孩子去触摸穿着那个颜色的孩子(不能触摸自己)。每个孩子轮流敲鼓并给出颜色。

替代方案:孩子也可以在敲鼓时给出另一个指示,比如"单脚跳"或"双脚并拢跳"或其他动作。

活动132　蜗牛　　　　　　　　　　　（4岁以上）

时间:约10分钟。

目的：拉近团体成员的距离，并让他们知道彼此的名字。

人数：8~24人。

步骤：

1）孩子们手拉手站成一排。

2）队伍里的第一个人（领队）要说出他的名字并旋转着往里站，就好像这一排卷起来了一样。

3）下一个孩子要在说出自己名字的时候重复这样的动作，这样一直持续到队伍的末端。

4）这一排现在变成螺旋状的了，像个蜗牛。然后站在最后的那个孩子要逆转之前的动作，将这个螺旋转开来直到队伍恢复成一条直线。

这个游戏适合在团体课结束时使用。

替代方案：孩子们一起唱歌，当他们在旋转成螺旋的过程中要越来越大声，然后在反转螺旋的时候越来越小声。

活动133　啁啾　　　　　　　　　　（5岁以上）

时间：约10分钟。

准备：为每个成员准备一个眼罩。

步骤：

1）团体成员分散开来，都戴上眼罩。

2）带领者可参考如下指导语："你们可以小心地自由移动，可以把双手放在胸前。当你碰到别人时，你必须要发出小鸟的叫声，'啁啾''啁啾'……如果你碰到的人也发出同样的声音，那就继续向前走。我会指定一个人扮演狐狸。那个'狐狸'不需要发出'啁啾'的声音，他要保持安静并抓住你们。如果你发现了一个不会发出'啁啾'声的人，那你就被抓住了。这时你必须和他手拉手并停止发出'啁啾'的声音。那些被抓到的人要形成一个链条。当扮演鸟儿的人碰到'链条'的时候，他们就必须走到'链条'的末端并加入'链条'。我们要玩到最后一个人也加入这根无声的'链条'中。清楚了吗？……不要说话，这是一个安静的游戏。开始吧。"

2 探索你的身份

这个主题的目的是和孩子们一起探索"我"和"非我"的概念。带领者可以试图使孩子们理解:人与人之间的不同与人们之间的相似之处一样多。每个人都是可能改变的,并且每个人本来的样子都是很伟大的。

对身份的探索包括观察自己的态度、感受、技能或学习过程的能力,它提供了一种方法,让你不去认同这些,从而去开拓更深层次的内部资源。如果将你观察到的内容表达出来,对它们给予认可和象征化,你将能够放下自我评判,这会进一步提升你的自尊。我们的真我是超越各种身份认同和评判的。

这个主题是情商教育中一个重要而基础的部分。

与这个主题相关的游戏和活动将帮助人们发展自我觉知和

自我接纳的能力,也会创建团体内的联结感,帮助团体成员发展自我暴露和自我表达的技巧。从下面的活动中挑选最适合你所带领的特定团体的活动。

活动

活动201　我是什么动物？　　　（7岁以上）

在每一个参与者的后背或前额贴一个动物的名字或图片，他们不能看到或者知道自己被贴的是什么动物。参与者们四处走动，安静地观察其他人和他们身上贴着的动物标识。当带领者给出一个信号时，参与者们可以开始互相询问一个问题，试着问出自己身上贴的是什么动物，比如"我是一只鸟吗？"（回答只能为"是"或"不是"）。他们继续走动，直到所有人都知道他们被贴的是什么动物。那些已经找到答案的人也要继续走动，这样可以继续回答那些还没有找到答案的人的问题。可以问同一个人数次，但不能连续提问，每次都要换一个人。当所有人都找到答案时，游戏结束。

活动202　咔嚓　　　（6岁以上）

参与者们围坐成一圈，带领者站在中间。带领者指着其中一个参与者，说出"咔"或"嚓"，或者"咔嚓"。带领者说"咔"的时候，被指到的人立即说出右边人的名字，说"嚓"

的时候，被指到的人立即说出左边人的名字。如果被指的人说对了名字，带领者再指另一个人，如果被指的人说错了名字，那么他就要在中间成为带领者。当中间的带领者说"咔嚓"的时候，所有人都必须换一个位置。

替代方案：

1）当游戏进行一会儿后，你可以增加一点复杂度，可以更改指令，比如"咔"指左边的人，"嚓"指右边的人。

2）如果参与者彼此非常熟悉，你可以要求他们说出对方的一个品质，而不是名字。

活动203　唱出或舞出你的姓名　　　（5岁以上）

这是一个适合所有年龄段群体的导入性游戏。参与者们站成一圈，轮流邀请每个成员向中间走一步或者两步，唱出自己的名字，并用舞蹈或随意的移动表达出他的名字，其余的人一起用同样的声音、姿态和动作回应。团体的带领者可以带头示范。

替代方案： 对于非常害羞的孩子而言，可以让他和另一个孩子一起做。

活动204　绕绳介绍　　　（6岁以上）

带领者要求团体成员裁一段绳子，不要太短（50厘米到

100厘米之间）。参与者们站或坐成一圈，手里拿着绳子。每个人轮流介绍自己（比如名字，家庭情况，最喜欢的品质，喜欢的游戏、食物、音乐等），同时将绳子缠绕到自己的一根手指上。他必须一直说，直到绳子缠完了。大家沿着圆圈轮流做，每个人都有机会介绍自己。

活动205　橘子　　　　　　　　　　　　　　　（12岁以上）

步骤：

1）带领者准备一篮橘子，数量要稍稍超过参与者的人数，把它放在房间中间的一张桌子上。参与者们围成一个大圆圈，每人轮流走过去从中挑一个橘子。

2）当所有人手上都有一个橘子的时候。花几分钟的时间让参与者观察橘子。带领者可以说："仔细留意你的橘子，注意它的特殊标志、突起，以及一些或浅或深的点点……"

3）参与者无须做任何评论，只是再把橘子立刻放回篮子里。带领者把橘子重新混在一起。

4）每一个参与者再次轮流走到篮子边找他的那个橘子，保持沉默，带着橘子回到他的位置上（要强调重获橘子的愉悦）。

5）将橘子皮用旋转的方式整个剥下来，而不把皮弄破或弄断（对小一点儿的孩子，你或许需要在顶部起点处用刀切一下，或给他们做一下示范）。

6）参与者品尝橘子。

7）每个参与者和他旁边的人交换一些橘子瓣，注意形状和味道的不同。他们可以用语言来表达他们观察到的，以及感谢别人分享的橘子。

8）最后，带领者邀请参与者表达他们的所思所感——在活动的不同阶段他们有着怎样的感受。可能的话，让参与者说一说这个游戏的目的可能是什么。指出橘子和人之间的相同和独特之处：橘子象征着人，每个橘子都有其特征，有点儿不完美，甜美多汁，有一个保护层……

活动206　介绍你的伙伴　　　　　　　　（12岁以上）

步骤：

1）三个参与者坐在椅子上，面对着其他团体成员（就像在一个舞台上）。另外三个人站在他们后面。

2）带领者介绍整个游戏的规则："这是一个关于观察和感觉别人的游戏。每一个参加游戏的人都需要保持沉默，观察他的伙伴，然后将他的伙伴介绍给整个团体。"

3）带领者要求坐着的参与者站起来并转向他身后的人。

"舞台"上的六个人有一分钟的时间（要很精确）来观察站在他对面的伙伴。

4）前面的参与者再次坐下，后面站着的人走到前面来，一个接一个地介绍他们的伙伴，讲述这个过程中他们看到的和感受到的。要求讲述的内容要尽量接近事实，不带评判。之后他们可以交换角色，或者邀请新的参与者到前面来做同样的游戏。

注意：如果参与者之间互相不认识，这个游戏会更有趣。

活动207　如果我是一个动物　　　　（4岁以上）

团体成员写下以下内容，并与团体分享：

如果我是一个动物，我会是_____。

它感觉起来是怎样的？

我喜欢做什么？

我不喜欢做什么？

我最好的是什么？

我最坏的是什么？

我会怎样表达？怎样走路？……

其他描述：_____。

在每个团体成员都分享结束之后,让所有人用他们所选择的动物的走路方式围着房间走,并模拟动物的声音相互打招呼。

活动208　我就是我!　　　　　　　　　　（5岁以上）

这项有趣的活动将通过快速答题的方式促进孩子的手眼协调能力及运动技能。

准备: 橡胶球。

步骤:

1)让孩子们在软的、平的地面上站成一个圆圈。

2)让孩子们练习把球滚给站在自己对面的那个人。

3)接到球的孩子要在将球传给下一个人之前回答一个问题。带领者负责给孩子提出问题,比如"你的名字是什么?""你最喜欢的颜色是什么?""你多大了?""你的头发是什么颜色?"……(每轮问一个问题,等到所有的孩子都答过以后,再提出新的问题并开始新的一轮。)

替代方案: 重复这个活动并让孩子在回答问题时做出一些动作(双脚跳、交叉跳、转圈)。

活动209　找找不一样　　　　　　　　（6岁以上）

团体成员写下以下内容，并与团体分享：

- 你和你最好的朋友有什么不同？

（某人和你有什么不同？）

活动210　这就是我　　　　　　　　　（8岁以上）

讨论：想象有人写下了一些关于你的事情，并将它们刊登在报纸上。你想要被怎样描述？

活动211　我是，我有，我想要　　　　（8岁以上）

团体成员写下以下内容，并与团体分享：

- 我是什么……（真正的我，最真实的、最强的我。）
- 我有什么……（什么是你的一部分？你生命的一部分，包括你的技能、特质、私人物品……）
- 我想要拥有什么……（技能、特质、财物。）
- 我想要去做什么……（业绩、项目等。）

针对身份、渴望、需要和目标展开讨论。"我是什么""我有什么"和"我想要去做什么"是不同的事情。

活动212　变化中的自己　　　　　　　　（10岁以上）

把需要用到的物品放在房间中间的一张大桌子上。参与者有一个小时的时间来创作一个用"过去、现在、未来"的方式介绍自己的招贴画：我的昨天，我的今天，我的明天……

然后进行分享。

注意：如果你的授课对象是孩子，你需要先向他们介绍一下怎样形成一个个人陈述。

活动213　第一次遇见　　　　　　　　（8岁以上）

想象你第一次遇见某人。

1）列出三件你可以向他介绍的关于你的事情，让他知道你是谁。

2）想想你想知道他的哪些方面，列出三个你可以向他提的问题。

活动214　重要人物　　　　　　　　（7岁以上）

给你心中的重要人物画一幅像。和大家分享此人是谁。是什么让他对你来说很特别？他做什么对你来说很重要？你为什么认为他喜欢这样做？

活动215　对我重要的事情　　　　（6岁以上）

列出一些对你来说重要的事情，并且是你想要和朋友分享的，比如：

- 一个对我来说重要的地方；
- 我最喜欢的食物；
- 一个关于我的很特别的事实；
- 曾对我很重要的一天；
- 我最不喜欢的事情；
- 我最好的朋友（或者朋友们）；
- 我最喜欢做的事情。

活动216　人皆不同　　　　（7岁以上）

时间：约20分钟。

步骤：

1）找一个伙伴，和他（她）两两配对。

轮流分享：谁是你最好的朋友？你和你最好的朋友有什么不一样？某人和你有什么不同？

2）找一个你觉得和你很相似的人。

轮流分享：你们有哪些相似之处？有哪些差异？

3）找一个你觉得和你非常不同的人。

轮流分享：你们有哪些差异？有哪些相似之处？

4）找另一个伙伴配对。

轮流分享：你所喜欢的和你非常不同的人是谁？你所不喜欢的（或害怕的）和你非常不同（最不同）的人是谁？

5）找另一个伙伴配对。

轮流分享：你所喜欢的和你非常相像的人是谁？你所不喜欢的和你非常相像的人是谁？

讨论：带领者邀请参与者讨论如下问题，以接受人与人之间的差异。

- 喜欢和自己相似的人更容易吗？
- 你所喜欢的和你不同的人是谁？
- 每个人都是不同的；每个人都有自己的美。
- 差异是好的，我们可以从差异中学到什么？

活动217　姓名火车　　　　　　　　　　（4岁以上）

目的：让参与者们熟悉彼此的名字。

人数：12～30人。

步骤：

1）参与者在场内自由走动。

2）带领者指定一个人为"马达"。一开始，这个人可以一个人走。当"马达"停在一个参与者面前时，"马达"要问："你叫什么名字？"被问的人要回答问题。然后"马达"要大声说三遍："你好，某某。"

3）这个被喊了名字的人要接在"马达"的后面变成一节"车厢"。

4）这个"车"继续走到另一个参与者面前重复上述过程，直到所有参与者都加入"火车"。

替代方案：新的车厢也可以加在火车的前面而不是后面。这样，当新车厢来带领火车并选择下一个参与者时，会有更多变化。如果参与者本身就熟悉彼此的名字，他们就可以不用问，而是直接说"你好，甲"（三遍），或"你好，乙"，或"你好，丁"……

活动218 姓名球 （4岁以上）

时间：约10分钟。

目的：让参与者们记住彼此的名字。

人数：6~12人。

准备：每个圈中都准备一个球。

步骤：

1）孩子们在地板上坐成一圈，腿张开，脚要能碰到相邻人的脚。

2）当一个孩子拿到球时，他要喊出另一个孩子的名字并将球滚给他。

3）当一个孩子接到球时，他要继续把球扔给下一个人并且喊出对方的名字。继续下去，直到大家记住彼此的姓名。

注意： 如果孩子们都不知道彼此的姓名，刚开始练习时，可以在把球滚给其他成员时，先大声说出自己的姓名。

活动219　像照相机一样看　　（10岁以上）

目的： 让参与者不带任何评判地描述自己的伙伴。

步骤：

1）团体成员两两一组（最好不要让参与者自行选择，让他们排成两队，面对面站好，自动成组）。

2）你可以参考如下指导语。

"两人坐在一起，确定谁是甲，谁是乙。你们将轮流花三分钟时间来描述你从对方身上看到了什么。把你所知道的关于对方的一切信息暂时忘掉或者放在一边。尝试像第一次相遇一样来看待彼此，把自己当作一个照相机，只是静静地、认真地观察。不要思考，只是观察。就好像你要描绘出从对方身上看到的一幅画面，一点一点仔细描述每一个特征。注意，把你所观察到的用词语说出来，每句话都要用'我看到'来开头。描绘的内容不一定非得是外形特征，也可以是一个动作、紧绷的嘴唇、额头上的小细纹、游移到别处的目光或者任何你看到的。好吗？有什么问题吗？

"只有'照相机'能讲话。我会告诉你们什么时候交换角色。当照相机讲的时候，听的人还应认真进行观察，但是不能讲话。听的人只是认真地看着正在进行描述的伙伴，注意自己的感受。不要思考，让头脑放松。准备好了吗？让我们开始吧。请各位闭上眼睛，关注你的呼吸，聆听教室内的声音……现在，请睁开眼睛，看着你的伙伴，一个你根本不认识、对他一无所知的人……你意识到你从来没有这样认真地看过这个人……甲开始用3分钟描述对方，使用'我看到'开头的句子。同时，乙要保持沉默，不要做出任何回应。"

3）3~4分钟之后，让甲和乙交换角色。

4）让所有参与者回到大圈里来，分享参加这次游戏的体验。

活动220　我们的英雄　　　　　　　　（8岁以上）

团体带领者可参考如下指导语：

"5~6人一组。每个小组的成员坐在一起，准备好纸和笔。这个活动的名字是'我们的英雄'。我们每个人都有自己心目中的英雄，也就是我们敬佩的人，他们的人生历程和成功经历激励着我们。请你们想出三个你认为在某些方面可以成为你的榜样的人。可以是历史人物，也可以是现在的人物，并非只限于名人，也可以是你的父亲、你的邻居、你最喜欢的演员或歌星、你从书中读到的人物，只要是你敬慕的人都可以。我们不会对你的选择妄加评判。你可以尽可能多写一些，然后从中挑选出最重要的三个。在确定好三个人选之后，写出他们身上的品质，那些激励你的、令你感到振奋的特质。"

（给参与者5分钟的时间。）

"现在，小组内轮流分享，说出谁是你心目中的英雄，他们身上具有什么样的品质和价值观，为什么你会如此崇拜他们。同时，每个小组都要把大家讨论过的英雄一一列出来，还要列出他们的事迹及他们的品质。"

讨论：

回到大团体中。每个小组向大团体展示自己组的英雄名单，标出英雄们的所在领域（艺术、运动、政治、科学、宗教等，也可以仅仅是家庭生活）以及他们展现出的主要品质。然后讨论如下问题：

· 你们从这些英雄身上发现了什么？（他们有什么共

同的特征吗？他们展现的共同的价值观是什么？……）

· 他们的这些品质是否值得你学习？

· 你从这个活动中学到了什么？

替代方案：带领者也可以让参与者事先准备一些材料，可以带一些资料来描述他们的想法。

活动221　蜘蛛网　　　　　　　　　　　（4岁以上）

时间：约15分钟。

目的：发展参与者的倾听技能，帮助参与者熟悉彼此的名字。

人数：8~24人。

准备：一个羊毛线球（或细长绳）。

步骤：

1）团体成员站成一圈。

2）每个孩子在用毛线将自己裹起来的同时说出自己的名字，然后将球传给另一个站在圆圈对面的孩子。每个孩子都要这么做。

3）当每个人都被裹进网里的时候，逆转这个过程，也就是最后的那个孩子要将球还给之前那个给他球的孩子并说出他的名字。

活动222　姓名骑士　　　　　　　　　　（4岁以上）

时间：10~15分钟。

目的：参与者们熟悉彼此的名字，发展速度与自发性。

人数：12~30人。

准备：一根长棍或者其他物品（不要太硬，确保不会伤到人）。

步骤：

1）团体成员坐成一个圆圈，靠近彼此，双腿向圆心伸展开。

2）一个人扮演"骑士"，握"剑"站在圆圈中心。他的目标是要取代另一个人的位置坐回圆圈里面。

3）圆圈里面的一个人先开始说另一个人的名字。被叫到名字的参与者要尽快叫另一个人的名字。骑士要试着在他说别人名字之前碰到他的脚（但动作不要太重！）。当骑士成功后，他就可以坐下来，输了的那个人要变成新的骑士。如果骑士不成功，他就要继续试着在下一个人说名字前碰到这个人。

4）如果骑士试了七八次还是不成功，带领者可以选一个新的骑士来替换他。

活动223　个人探索的相关问题　　　（8岁以上）

团体成员可以用不同的方式探索下面这些问题。带领者可以先从中挑选三到四个问题（那些最适合团体成员年龄的问题）进行个人探索，再让参与者在团体中或者小组中进行分享。可以将团体要探索的问题写在一张卡片上，也可以让参与者在回答问题之前先画点什么，或者将这些问题卡片分发到不同的小组里……无论以什么方式探索这些问题，都是可以的。这些问题是很适合团体进行探索和分享的。很显然，我们的主要目标是让参与者多讲话，表达他们自己，并互相倾听。

- 说说你生命中特别幸福的一天。
- 说说你生命中特别困难的一天。
- 说说让你真的感到恐惧的经验。
- 哪些小事情会让你很生气？
- 说说让你感觉真的很尴尬的情景。
- 你希望拥有什么技能或天赋？
- 什么事情会让你感动得流泪？
- 什么让你对世界的未来充满希望？
- 曾让你感到内疚的情景是什么？
- 什么样的情景会让你感到有压力或很紧张？
- 你最美好的童年记忆是什么？

- 当生气的时候,你做些什么可以使自己平静下来?
- 哪个地方是最能给你力量、最能启发你灵感的?
- 说一说你上一次为自己感到自豪的事。
- 说一说什么事情如果再发生一次,你会有不同的行为(反应)。
- 你每天最喜欢的"小确幸"是什么?
- 如果你彩票中大奖,那么你想做的第一件事情是什么?
- 你最频繁为什么事感到焦虑?
- 你对未来几年最强烈或者说最深切的期望是什么?

注意:在进入个人探索之前,团体成员需要熟悉团体分享的规则(参见活动505)。另外,团体必须足够"安全",团体氛围必须是互相尊重和彼此支持的。

活动224　姓名圆圈　　（5岁以上）

时间:10~15分钟。

步骤:

1) 参与者站成一个圆圈。每个人都转向自己右手边的伙伴并且说出自己的名字(用清楚的声音,这样每个人都能听见），一个接着一个轮流做。

2）其他参与者顺着圆圈倾听那些来自左边伙伴对右边伙伴所说的话。可以从带领者开始。

3）一轮结束后，参与者对左边的伙伴做同样的事情——每个人转向他左手边的伙伴并说出自己的名字。

4）然后转回右边，但是这次，每个人需要说出他正在看着的这位伙伴的名字。

5）最后，每个人再对左边的伙伴做同样的事情。

替代方案：名字也可以被唱出来，而不仅仅是被说出来。如果是唱，带领者最好邀请所有人拉起手，然后所有成员都重复唱这些名字。理想的情况是，带领者需要邀请所有参与者保持同样的节奏，不要有迟疑，不要有等待的空隙，就好像是用不同的名字做出来的一个单一节奏的歌曲那样。独声和合唱交替进行。

活动225　看图说话　　　　　　　　　　（5岁以上）

时间：20~40分钟。

准备：准备一系列同一主题的图片或照片。图片或照片的主题要根据针对的参与者做出调整。比如可以是一系列动物图片，一系列情绪图片，一系列脸的图片，一系列环境或情景图片等。将这些照片散开，铺在桌子上，放在房间的一边。给这些图片标上编号。

步骤：

1）将参与者分成4~5人一组。每组成员围圈而坐。

2）带领者邀请小组成员走到桌边并用一些时间安静地观看这些图片。

3）然后带领者可以参考如下指导语："选两张对你而言有意义的、给你印象最深刻的图片，无论它们是正面的还是负面的。记住这两张图的编号，然后回到圆圈里来。"

4）带领者邀请成员进行分享，邀请他们去表达他们的选择（编号、印象、感受和动机）。带领者需要说清楚的是，表达没有"对"或"错"，成员们也不要对别人的选择做出评判。每个人都可以自由地分享。带领者要在黑板（或白板、大幅纸张）上做记录，以便所有人都能看见每个人选择的编号以及促使他们这样选择的理由。

5）讨论。带领者可以着重强调被选择次数最多的几张图片。即使很多人选择同一张图片，每个人的原因也可能会有不同。

6）最后，带领者可以邀请成员去发现在他们选择的图片以及后续分享中呈现最多的主题。这可能表达了团队成员们和所选主题相关的担心、问题和需求。

3　感受和情绪

每个孩子自出生伊始，就注定要经历一个艰难的旅程。离开妈妈的子宫，通往自主生活的道路往往是充满挫败和痛苦的。每个孩子都必须学会掌控自己的身体，还需要掌控一个新的情绪体和新的精神体。婴儿在刚开始的时候无法照顾好自己的需求，不能清楚地表达自己。他们只会哭叫并且要学习等待……应对沮丧是成长和学习的一个主要工具。学习自我表达，学习接纳，学习建立关系，学习自我克制……实际上，在我们的整个生命历程里，这样的学习始终持续着。

在儿童期，我们的情绪化反应仍然很强，它既不受外部规范的约束，也不受内在智慧的掌控。为了帮助孩子发展内在的自由，也就是我们所谓的情商或者自控力，教育者要帮助孩子认识到其所感受到的，给感受命名，使之识别感受背后的需要，学习怎样不施加压力地表达自己的欲求，同样学习去认可别人的感受、需要和请求,并学习适应他人。

以上将是我们在这一章中主要关注的技能。作为开始,能够用词语说出我们的感受,看起来是最为重要的第一步,这会帮助我们面对生活中的挑战,对我们发展和谐的关系及融入社会和团体同样重要。

给你的感受命名,并非指你可以任性地向他人表达自己情绪化的想法,也不是指把自己的情绪付诸行动。感受和行为是两个不同的方面。这个区别应当非常明晰。我们的目的不是鼓励孩子使之完全被情绪牵着鼻子走,与之相反,我们是要邀请他们花一点时间去感受自己,觉知自己的内在发生了什么,认可这些感受以及感受背后的需要。让他们能够识别出自己想要的,并找到更好的方式表达出来。如果感觉到痛苦,花一些时间来识别身体里的感受,向它敞开,这样做会使感受得到转化并且被疗愈。

教育者需要学习的主要技能是"认可"孩子们表达的任何潜在的感受和需要。认可并不意味着同意或支持某种行为,它只意味着你听到并说出了这个情绪,不带任何评判。接受情绪如它所是,只是在身体里体验它。重要的是:无须解释分析感受,或试图阻止情绪;不要带着评判,不要带着规则或价值观觉得"应该"怎样怎样;避免因为孩子的感受而对其责备;

避免要求孩子阻止或压抑其情绪（除非这和行为相关，因为情绪爆发有时候也被用来作为孩子施压的手段，有时候也是谈判的一部分）。通常来说，我们侧重于感受而不是行为。识别感受，识别需要，识别请求，识别选择……并邀请孩子自己去识别它们。

教授情绪觉知和情绪平衡的指导原则

1）帮助孩子识别命名和表述不同的感受。

2）让孩子明白，人有很多不同的感受。感受总是在变，有时一种感受很容易转换为另一种感受。

3）教授并演示接纳。所有的感受都可以被接受，不要去思考它们，也不需要去评判它们。指出感受、态度和行为之间的区别。任何感受都可以出现，但是态度不一定是这样。

4）帮助孩子识别思考和感受之间的不同。

5）帮助孩子识识到情绪就是身体里的感受。

6）帮助孩子识别身体里的能量。

7）教孩子通过呼吸进入自己的感受并接纳感受（同时放下思考），这可以简便快捷地转化感受的能量。

活动

活动301 "123"天气预报 （4岁以上）

时间：3~5分钟。

介绍：共有三个符号代表不同的天气。手掌和手指都张开代表"太阳"，手握拳代表"云朵"，大拇指向下并做向下的动作代表"下雨"。当用上两只手的时候，就有了五种可能性。

1）"太阳—太阳"表示"我的心情特别好，我感觉很快乐"。

2）"太阳—云朵"表示"我觉得还可以，一般般，不好也不坏"。

3）"云朵—云朵"表示"我觉得心里闷闷的，不是那么好"。

4）"云朵—下雨"表示"我觉得有一点郁闷，没有能量"。

5）"下雨—下雨"表示"我觉得很糟，我想哭……"。

你可以参考如下指导语：

"请将双手放在身后。我数到3的时候，每个人都要用你的双手来表达你的内在天气。"

注意：在一天的开始或一节课的开始，可以做这个活动并将它变成一个常规流程。这能够让老师一眼就了解小组内的"天气"，也就是每个人的状态。这也能让孩子发展出表达自己感受的能力，而且不需要用语言来表达感受。没必要要求孩子去"解释"为什么他这样觉得。他只需要认识到自己有这样的感受就够了。如果某个或某几个孩子看上去需要特别的关照，找个时间给他们这样的关注和倾听可能是合适的。

活动302　"感觉板"　　　　　　　　（6岁以上）

用不同形状的花朵做一个感觉板。在板的中间写一些常见的感受，比如幸福、悲伤、生气。在板上留一些空白，这样一来，如果孩子们有需要，他们就可以写下自己的情绪感受。在一些木夹子上写上孩子们的名字。你可以把这个板挂在墙上，孩子们可以把写好名字的夹子，对应在自己相应的感受上。在一天的开始阶段，这是一个很好的活动（同时也记录了出勤情况）。感觉板可以促使我们去探讨：为什么孩子会以某种方式感受。它还可以帮我们调整自己的感受，使之与孩子的感受同频。这也是一个很好的帮助他们了解自己的方式，这使他们可以注意到自己的感受。

活动303　感觉温度计　　　　　　（6岁以上）

"感觉温度计"是一个与"感觉板"相似的概念。我们可以利用"感觉温度计"来发展一些技能。制作一个刻度为1~10的温度计和不同表情的脸的图片。让孩子们把小脸图片放在温度计的不同数字上,以此来代表他们感受到的幸福、悲伤、生气(还有其他任何情绪)的程度。

活动304　情绪卡片　　　　　　（6岁以上）

你还可以用一些情绪卡片(卡片上画着表达不同情绪的脸)来玩各种游戏。比如,让孩子们选择三张情绪卡片来表达他们自己今天的感觉是什么。让他们在小组内分享他们选择的卡片:这张卡片表达了什么?这个图画给人的感觉是什么?……

活动305　你现在有什么感受?　　　（8岁以上）

大家围成一个大圆圈,每个人轮流表达他对某些事情(比如一场游戏、一次事件、一个决定等)的感觉。这个活动的关键是用几个描述性的词语来准确地表达你此时此刻的感受。你可以给他们举例子,比如"现在,我感到很快乐,我感到幸福和兴奋",或者"我感到紧张""我的喉咙发紧""我肚子疼""我很热",等等。

活动306　情绪模拟表演卡片　　　　　（8岁以上）

让一个团体成员到前面来,挑选一张感受卡片,然后表演手中卡片上的感受。其他成员要猜出他表演的是哪一种感受。回答正确的成员将成为下一个表演者。

你可以对表演者说:"不能出声,只能用面部表情和姿态来表达。试着去觉知你需要做什么来让你的身体真正进入这种感受。在你表演之前,花点儿时间和这个感受建立真正的联结。"

你可以对整个团体说:"试着去模仿这种姿态和表达,通过身体表达进入那种感受。"

活动307　这不是我的球　　　　　　　（5岁以上）

时间:10~15分钟。

步骤:

1)团体成员站成一圈,在圆圈里互相传一个看不见的隐形球。拿到球的人需要走到另一个人面前,且模仿某种情绪说"这不是我的球",并取代拿到球的那个人的位置,以此类推。带领者先演示给团体成员看。

2)带领者可以从愤怒开始,然后每隔几分钟轮流探索不同的情绪,比如伤心、恐慌、震惊、害羞、好笑等。

3)在开始探索一种新的情绪时,带领者要提醒所有成员进入这种情绪状态,确保每个成员拿到球时已经在感受这种情绪,而不是在拿到球往外走的时候才变换情绪。

替代方案:我们也可以用不同的句子,如"这不是我的袜子"或"这不是我的口香糖"。

活动308　有多少种情绪? （6岁以上）

时间:10分钟。

我们有很多种不同的情绪,让团体成员说出几种并列出清单。你可以将它们放在一个坐标轴的四个角上:左上角的情绪和害怕有关;右上角的情绪和愤怒有关;左下角的情绪和悲伤有关;右下角的情绪和快乐有关。如下所示:

害怕	愤怒
悲伤	快乐

如果可能的话,邀请团体成员去识别和这些情绪相关的感受,并且区分想法和感受之间的区别。

活动309　回想这样的时刻…… （7岁以上）

· 回想一个你感到勇敢的时刻:那是什么时候?发生

了什么事情？你具体的体验是怎样的？

・回想一个你感到心烦意乱或者焦虑的时刻：那是什么时候？发生了什么事情？你具体是怎样的体验？

・回想一个你感到很放松的时刻……

・回想一个你感觉很紧张的时刻……

・回想一个你感到非常开心的时刻……

分享并讨论：人有很多感受，这些感受一直在变，它们就像是我们可以自由出入的"内在空间"。有时候，我们可以很快从一个内在空间进入另一个内在空间。你可以识别出什么能帮助我们很快发生转变，什么会让我们卡在某一个内在空间里吗？

活动310　情绪：我能做什么？　　　　（3岁以上）

对于年幼的孩子而言，要彻底明白情绪的概念，尤其是复杂情绪的概念，是很难的。所以，请专注于基本的情绪，例如开心、伤心、生气和受伤。

准备：大白纸或招贴板，马克笔。

步骤：

1）在纸的顶部画出或展示一张开心的脸，问孩子们他们看见了什么以及这意味着什么。让他们列出一些让他们觉得开心的事情。询问他们做什么会感到开心。

2）在纸上画出或展示一张不开心的脸，并重复上述过程。问他们看见了什么，以及让他们列出一些让他们不开心的事情。你还可以这样问他们："当你觉得不开心的时候，你能做些什么？当你看见别人不开心的时候，你能做些什么？"

3）在纸上画出或展示一张生气的脸，问孩子们这意味着什么。让他们列出那些会让他们感到生气的事。你还可以这样问他们："当你觉得生气的时候，你能做些什么？当你看见别人生气的时候，你能做些什么？"

4）在纸上画出或展示一张害怕的脸，问孩子们这意味着什么。让他们列出那些会让他们感到害怕的事。你还可以这样问他们："当你觉得害怕的时候，你能做些什么？当你看见别人害怕的时候，你能做些什么？"

5）在纸上画出或展示一个肢体或情感受伤的人的脸，问孩子们这意味着什么。让他们列出那些会让他们感到受伤的事。你还可以这样问他们："当你感到受伤的时候，你会怎么做？当你看见别人受伤的时候，你能做些什么？"

替代方案：在和孩子谈论情绪时，用讲故事或读绘本的方式可能会更容易。市面上有很多有关情绪的适合孩子的绘本。

活动311　不太友善的事情　　（6岁以上）

时间：30～60分钟。

目的：帮助孩子找到解决问题的技能，不论要解决的是什么样的问题（矛盾冲突、问题行为、个人挑战等）。

准备：用来做海报的材料，大纸，马克笔。

步骤：由大团体的头脑风暴开始，然后将团体成员分成小组，分别制作"选择轮"。

1）带领者带领团体成员讨论团体里不友善的行为。带领者可以使用这样的指导语：

"人们有时会对别人做些不友善的事情。你能举个例子吗？吵架的方式有哪些？（比如说脏话、羞辱、嘲笑、抨击、从你手中将东西抢走、吐舌头、推搡、拒绝、不倾听、威胁、批评、恐吓，等等。）

"当有人捉弄、惹怒我们或和我们吵架时，我们可能会有哪些感受？（比如感觉很糟、受伤、伤心、生气等。）

"当别人打扰、招惹或和我们争辩的时候，我们会怎么反应？

"有哪些并不提供真正的解决办法，只会让问题变得更糟的反应或态度？我们应该避免怎样的反应？（比如侮辱、报复、惩罚等。）

"有哪些反应和态度可以帮我们更好地处理问题，让我们冷静下来或者避免冲突？（比如倾听、注意观察而非回答、暂时回避、建议停止、道歉、温和地说'不'、提供一个不同的解决方案、说'我感到'等。）"

带领者需确保消除那些代表报复、责备或惩罚的回应。

2）制作"选择轮"（适合7岁以上的学生）。

带领者首先介绍选择轮。带领者可以参考如下指导语："请在板上或者大纸上画一个圆圈，然后将它分成几块（比萨饼块）。你能找到几种解决方法，就画几块。每一块提供一种解决办法，在上面用一个小的图画（一个符号）和一个关键词（如果孩子们能写字的话）表示。"接着，邀请他们去找到非常实用的解决办法。（可以举一些例子，演示给孩子们看。）

在一个3~5人的小组里，你可以邀请孩子们一起找到6~7种最能用来解决争论或矛盾的态度。然后做一张饼状图的海报。每一块都代表着被找出来的解决方法。

3）分享和讨论。介绍和展示这些海报，讨论如何在问题发生时使用选择轮。你可以向小组解释选择轮是一种任何人在感到困顿或无计可施时都可以用来解决问题的工具。你可以（在任何恰当的时候，也可以在另一节课内）让志愿者角色扮演一场冲突，在矛盾的当下，其中一个人要邀请另一个人去练习完成一个"选择轮",然后从中选择一个解决方案。让不同的人就不同的议题重复这个活动,以便让他们熟练运用"选择轮"去提醒他们在需要的时候该如何实施解决方案。

注意:这个活动对于任何反复出现的问题都很有帮助。选择轮应该被展示在墙上,人们可以在必要的时候拿出来使用。这个活动可以被用到任何类型的团体或家庭问题上,先从想出可能的解决方案的头脑风暴开始。

活动312 给出清楚的信息　　　　（6岁以上）

时间:约40分钟。

步骤:

1）介绍活动内容。

当我们和某人有矛盾时,会感到受伤、不认同或者生气。这时,知道如何去沟通是很重要的。当我们扮演两个有冲突的人(甲和乙)时,甲要陈述一条明确的信息。就像下面这样。

你感觉到什么,你要简单地说出来:我感到……（当你……时）

你需要什么:我需要……（当你……时）

你的要求是什么:请问你可不可以……

你还可以再加上：你能明白我在说什么吗……

乙要复述这条信息：

感受：你感到……（当我……时）

需要：你需要……

要求：你希望我……（你在要求我……）

然后：是的，我听到你所说的。

当我们完成以上步骤时，两个人都能够更好地找到一个比吵架更有创造性的解决方案，一个双赢的方案。

2）做练习。

带领者先让志愿者演示一遍，之后，如果参与者足够成熟的话，可以组成三人小组进行练习。

你可以参考如下步骤进行演示。

首先找到三个志愿者，确定角色定位。找到或设定甲和乙之间的一个恰当的矛盾（比如"甲没说一声就拿走了乙的笔，乙很生气并且对甲说了些难听的话。甲回手打了乙……"）。志愿者丙是老师，他要调停并且让他们练习"明确的信息"。

然后志愿者进行角色扮演：甲和乙演绎场景。丙来调停，让两个人（甲先开始）正确地传达信息。甲应该以前面介绍中提到的方式去表述。

我感到……（当你……时）

我需要……（当你……时）

请问你可不可以……

你能明白我在说什么吗？……

乙则需要复述：

你感到……（当我……时）

（当我……时）你需要……

你希望我……（你在要求我……）

是的，我听见你在说什么。

当甲和乙都正确表达了以后，丙（老师）要问他们："你们可以找到什么样的解决方案？你们要怎么做？"

然后花一点时间去讨论这个练习并且让小组分享他们的观察。

如果合适的话，让其他团体成员组成三人小组进行练习。设定一个冲突，确定谁是甲、乙和丙，丙要保证练习顺利进行并且邀请其他两人找出解决方案。

3）分享和讨论。团体成员讨论练习当中的感受，学到了什么，有什么启示。

提示：在和8岁以下的孩子一起工作时，你可以简化指令——不需要他们识别需要和要求，只要表达感受就够了。比如甲只是问"当你……时，我感到……，你能够理解吗？"乙回答"当我……时，你感到……我能够理解。"然后老师要问："你想说的你都说了吗？还有其他你想要表达、想做或者想问的吗？"

对青少年而言，如果他们没有接受过这种培训，表达感受可能会更困难。带领者没必要强求。你可以跳过感受的部分，仅仅让他们表达需要和要求，这也可以让他们更好地找到或协商出一个双赢的解决方案。

活动313　感受身体　　　　　　　　（7岁以上）

时间：15~20分钟。

目的：发展孩子对身体感受的觉知以及观察不同的情绪体验。在活动中，需要有足够的空间让参与者可以自由地移动。

步骤：

1）将团体分为两个小组。一组是"欢快的"，另一组是"悲伤的"。邀请团体成员分散开，让他们用身体姿势（包括面部表情）来表达他们欢快或悲伤的状态。

2）邀请他们去感知和观察身体里的感受。它们在哪里？是什么？你可以说："花点儿时间让你的身体充分地表达这样的状态，让你的感受蔓延开。它是重的吗？是轻的吗？"然后让团体成员在屋子里走动，不要触碰他人，表达他们各自的状态（一组是欢快的，一组是悲伤的）。让他们走1~2分钟。

3）邀请团体成员停下来并转换他们的情绪状态。你可以说："欢快的那组要变成悲伤的，悲伤的那组要变成欢快的。花点儿时间去联结新的感受。让它在你的整个身体里呈现出来。观察它与前一种感受的区别。它是重的吗？是轻的吗？你会怎样看待别人？你有什么需求和渴望？"让他们持续走动约2分钟时间。

4）邀请他们再次停下，再次转换情绪状态。你可以说："放松你的感受，回到自然的状态。那些刚刚感到悲伤的成员现在要去探索愤怒，那些刚刚感觉欢快的成员现在要去探索恐惧。花点儿时间让你的身体去表达这个新的状态。让这种感受变得更强烈一些，让它呈现在你的脸上、你的整个身体里。"让他们持续走动约2分钟时间。

5）最后，再反过来。你可以说："那些刚刚体验愤怒的成员现在要去探索恐惧，那些刚刚体验恐惧的成员现在要去探索愤怒。花点儿时间让你的身体去表达这样的状态。让它蔓延开来，从你的脸上一直传达至全身。"让他们持续走动约2分钟时间。

分享和讨论：你的体验如何？你从这个游戏中学到了什么？情绪如何影响我们的身体、姿势、动作和看待他人的方式？转换情绪状态容易吗？什么促使你发生转变？在现实生活中，你如何改变你的情绪状态？你能不能举个例子，你如何使情绪在一瞬间从一个状态变成另一个状态？在这期间，你有怎样的想法、需要和渴望？……

活动314 感觉在身　　　　　　　　（9岁以上）

你曾经因某事而担心、害怕过吗？那时你的身体有什么感觉？从下面的感觉清单中找出当你感到担心、害怕时，你身体的感受：

- ☐ 头痛
- ☐ 肌肉紧张
- ☐ 心跳加速
- ☐ 双膝发软
- ☐ 肚子痛
- ☐ 身体僵硬

☐ 冒汗，手心出汗

☐ 眼泪要流出来

☐ 呼吸短促

☐ 哆嗦

☐ 胸口疼痛

☐ 喉咙紧张，说不出话来

☐ 烦躁，坐立不安

☐ 鸡皮疙瘩

☐ 其他 _____

当你感到伤心时，你会体验到其中哪些感受？当你生气的时候呢？

任何情绪都是我们通过身体的感受体验到的。觉察到这些不舒服的感觉很重要。通过呼吸进入这些感受，你往往是可以转化它们的。

活动315　传送情绪帽　　　　（4岁以上）

这项活动给了孩子们一个机会，使他们可以在安全的环境中练习表达不同的感受。

准备：代表多种多样情绪感受的面部表情的图片；帽子

（也可以用篮子或大信封代替）。

步骤：

1）将代表不同情绪的面部表情的图片剪下来放在帽子里。

2）团体成员站成一圈，跟着音乐的节奏传递帽子。

3）停止播放音乐。拿到帽子的孩子要拿一张情绪图片。

4）这个孩子要识别图片上的情绪，表演当他有那种感觉时他看起来是什么样的，或者描述他有那种感受的一次经历。

5）继续传送情绪帽，直到每个孩子都轮到一次。

替代方案： 让孩子翻阅杂志并找到表达不同情绪的面孔。他们可以剪下来并制作一张满是表情的拼图。成人可以帮助孩子定义这些不同的表情。

活动316 情绪照片 （4岁以上）

把孩子们模仿情绪的模样拍下来。让他们在一张纸上或板上写上一种情绪，以便他们在模仿的时候把它拿在胸前。也可以是好几个孩子在一起模仿情绪。让他们的表情稍稍夸张一点。你在开始前需要准备好一个情绪列表。

选择最好的（即最准确的）表情挂在墙上。这些照片有很多用途，其中之一是，当孩子需要表达他们的感受时，可以让他们对着图片指出来。

活动317　感到放松　　　　　　　　　（4岁以上）

时间：15～20分钟。

步骤：

1）当我们精神不紧张的时候，我们的身体也会觉得更放松。

2）如果放松的感觉是一种动物、一棵树、一株植物或一件物品，它会是什么呢？闭上你的眼睛去想象一个能让你感到放松的东西。当你准备好了的时候，你可以把它画下来，如果你想画的话。

3）描述。当你放松的时候，你有什么样的感觉？想一想并写下来，用尽可能多的词语把它描述出来。在你选择的这个画面中，最好的东西是什么？

4）现在，想象一下你进入了这个画面。想象你渐渐变成了这个动物、植物或物品。真正去感受它是什么样的。感觉那种放松感从头到脚扩散至全身。保持呼吸，注意放松的感觉是怎样的……进行一次很缓慢、很深的呼吸……

5）当你准备好了，就回到这里，并与大家分享。

讨论：放松就像一个一直存在的"内在空间"，只要你愿意，你总是可以回到那儿。平静而深沉的呼吸可以帮助你进入那个空间。

活动318　绘画　　　　　　　　　（6岁以上）

儿童可以通过具有创造性的艺术活动——特别是绘画——来表达自己，从而获得自我满足。绘画时，不要要求他们必须画得像某一个特定的东西，因为这需要一定的技法。他们通过绘画可以清楚地表达他们的情绪，这通常不是语言能表达出来的。通过艺术表达的方式，儿童会感觉到他们能够控制他们正在面临的境况。他们还可以分享他们的艺术作品，这个过程可能会帮助他们意识到他们情绪的程度，以及这些情绪产生的原因。绘画是一个非常有价值的工具，可以让儿童通过绘画来表达他们生活中发生的事情。

你可以和孩子们讨论不同的情绪。让他们想象一下什么样的图像可以代表这些情绪（比如电闪雷鸣可以代表愤怒，雨可以代表悲伤，阳光可以代表开心）。这些情绪看上去会是怎样的呢？

你也可以通过讲故事、读新闻、展示一幅画或者一段视频等，引入一个绘画活动。让他们进入自己的情绪感受，然后自由地表达出来，无须要求他们画得像。确保你已经准备好所有的绘画工具：颜料、画笔、纸张、铅笔（尽管他们也可以试着用手指画画)、水和毛巾。

给孩子们尽量多的机会画出他们自己的感觉,让他们不仅可以通过语言和书写来表达自己,还可以用艺术化的方式来表达。

活动319　人体雕塑　　　　　　　　　(6岁以上)

时间: 15~20分钟。

你可以参考如下指导语:

"选择一个搭档并两两一组分散站好(可能的话围着房间站成一圈)。每个两人小组需要决定谁是甲谁是乙。

"这是个非言语的练习,所以我要请你们始终保持沉默。你们下面要做的是,甲要去制作一个雕塑,乙要扮演制作雕塑用的陶土。甲要创造一个能够代表一种情绪状态的雕塑,等一下我会告诉你是哪种情绪状态。你要用整个身体来塑造你想表达的这个情绪状态的身体姿势(带领者演示如何做)。乙要表现得像一个陶土胚子,让雕塑者做他的工作,你要静止在他将你摆成的姿势里。需要注意的是,雕塑者必须用双手塑造陶土,你不能说给他听或者表演给他看,陶土是没有任何思想意识的。清楚了吗?你有三分钟的时间来完成你的工作。当你完成以后,过来和我一起站到中间。然后我们要参观这个博物馆。清楚了吗？

"现在，你们要表达的主题是'一个很深层的不开心的状态，感觉自己什么都做不好'。现在开始。"

等所有小组都雕塑完之后，让雕塑者和你一起绕着房间走，欣赏这些雕塑作品。你们可以停在每一尊雕塑面前，让雕塑的创作者解释他想要表达的是什么，还可以问"雕塑"，他觉得雕塑者想要表达的是什么。

接下来，让参与者回到两人小组，交换角色。乙变成雕塑者，甲变成陶土。新的雕塑主题是"感到非常自信的状态，发自内心感到喜悦"（信任空间）。

讨论和分享：针对大一些的孩子，带领者可以和成员们一起讨论以下问题。"你在活动中的体验是怎样的？不同的情绪状态和身体的表达是如何对应的？当你不开心时，你的身体是什么姿势？当你自信时呢？请注意，我们每个人都有不同的内在空间。我们有时候在这个空间，有时候在另一个空间。事实上，从一个空间移动到另一个空间是很容易的……"

活动320　制作一本个人情绪图画书　（5岁以上）

目的：通过指出图画书里的情绪感受来增强孩子们的共情能力。

准备：空白的书或绘画本；可以用来贴照片的纸；胶棒；蜡笔或马克笔；表达各种各样情绪的照片。

时间：60分钟。

一本情绪图画书（相册或图片收集书）可以是一种非常有趣的让孩子深度参与社会情绪教育的方式。

我们有很多不同的方式来制作情绪图画书。一种方法是让你的孩子和家人表现不同的情绪并将他们的样子拍下来。如果你是一个很喜欢拍照的人，而且你的手机或电脑里已经存了很多照片了，这可以是一种很有趣的浏览旧照片的方式。无论你采用以上两种方式中的哪一种，去找到呈现情绪的照片。注意保留某些照片所在的情境。比如，一张照片上的孩子在微笑，表示他感到愉悦，而在另一张照片中，孩子一边笑一边双手举在空中从滑梯上滑下来，这可以表现出他感到比愉悦要更多的快乐。后者呈现的是一个真正感到开心的孩子！通过这种对比，我们可以帮助孩子了解图片中的情景以及当时的感受。

当孩子是他们相册里的主角时，他们会想要经常翻阅它。当你和孩子一起看的时候，去体验他的快乐，并且记住要用语言来描述这些情绪。孩子经常会将他对任何事的感受都只描述成开心的或者伤心的。提醒他们，在这些大的情绪类别中还可以有其他的情绪。

尽管一个朋友可能看上去是因为某件事情感到伤心,如果我们再深入地了解一下当时的情况,也许会发现他的伤心来自挫败感。当对这个朋友的伤心有了更深层的理解时,孩子对社交和情绪的觉知也会得到成长。

活动321　对文学或故事进行艺术反思　　（6岁以上）

讲故事(孩子们很容易在故事中投射自己)是一个介绍感觉和情绪的极好的方式。我们可以用艺术的方式来对故事进行回应。带领者通过读一个合适的故事或者新闻来介绍这个活动。这个故事要包含某些情感或者可能打动孩子的东西。

步骤:

1)邀请参与者想象,故事中的人物可能有什么样的感受?或者,这个故事唤起了他们自己生活中的什么体验?

2)让参与者就他们自己的感受画一幅画,或者是画他们眼中的人物的感受。

3)让他们分享他们的创造。如果合适,邀请他们识别出在解决类似问题时,故事给出了什么样的建议。

注意:这个活动同样适用于在学校里发生的一些情况,比如欺负、打斗、可怕的事件等。这个活动可以帮助孩子们变得更能与他人共情。

活动322　捏泥团　　　　　　　　　　（6岁以上）

捏泥巴是一个很好的放松和疗愈的活动。儿童可以通过这种媒介以任何方式来表达自己。事实上，人们已经发现，捏泥巴对成人和儿童，皆有降低身体的压力和焦虑的功效。作为父母，在家里准备一些陶泥，意味着提供了消解紧张和压力的另一个出口。

步骤：

1）播放放松的背景音乐。

2）给孩子一个泥团。

3）让孩子揉捏泥团，同时回想过去一个星期里曾经体验到的某种强烈的感受。

4）孩子可以用泥团创作表达他们体验到的感受。

5）待泥团干了之后，你可以让孩子们为他们的艺术品涂上颜色。他们所选用的颜色同样能帮助他们更清楚地表达他们的感受。

活动323　警铃（当我觉得非常糟时！）　（5岁以上）

目的： 当某人要传达很强烈或很难受的感觉（一种需要立刻表达的感觉）时，可以使用或挥动一个能发出声音的物体（任何物体）。

外显目标： 让别人知道他的这种强烈的感受和被干扰的情绪状态；当他受伤的时候可以表达感受。

内隐目标： 增强团队凝聚力；使团队成员可以倾听他人；帮助团队成员感知、接纳和尊重他人的感受；彼此提供具有支持性和共情性的表达。

可以使用的场合： 感到被老师或同伴的言语伤害到了；内心被某种困境（如与家人分离、家人的死亡、暴力事件、令人震惊的场景等）干扰了。

你可以参考以下指导语：

"我们使用一个具有象征意义的物件（最好是能发出声音的）来作为让别人给予特别关注的信号。它打开了一个关于分享紧急需求的空间。当人们拿起这个物件时，就意味着他要对着小组表达自己。"

"这个人要表达他的感受。其他人要倾听，不可以打断或者评论。"

"当这个人说完以后，其他人可以表达支持或共情，但是不需要评论或解决被提出的问题。"

提示：

使用"警铃"的目的是让别人知道"我需要说话"。这需要我们在团体中事先建立一个有利的环境。

我们需要确保这个过程是被"严肃"对待的。不要将"警铃"放在一个很容易被拿到的地方，这样才能避免被用来开玩笑。花点儿时间去介绍这个工具，请大家明智地使用它。如果你发现有滥用或不合适的使用情况，找个机会让大家坐在圆圈里并请他们想出解决办法。

活动324　角色扮演　　　　　（4岁以上）

在很多有情绪挑战的情境中，角色扮演一直是一个有趣的探索工具，即使是对很小的孩子（比如三四岁）来说也是如此。例如，孩子在被送到幼儿园时哭闹不止，你可以在适当的时候提议角色扮演。父母（爸爸或者妈妈）扮演哭闹的孩子，孩子扮演需要把孩子留在这里去上班的父母。你还可以选择一个不同的情景进行角色扮演：父母（依然由父母扮演）在把孩子放下去上班时有困难，需要孩子来帮助父母离开……

角色扮演允许人们从不同的视角来探索世界。一个人可以发现令人惊讶的新的内在资源，而这是每一个人都拥有的。你可以想象各种各样的主题进行角色扮演。由真实情境激发出来的主题会更好，因为这更容易让孩子们识别出来。在每一种情景下，都需要有一个明显无力并且情绪化的角色，以及一个拥有更多责任的角色。后者不会被恐惧压倒，可以找到资源，积极应对挫折，保持耐心，灵活机敏而又温文有礼（参见活动406）。

在这类活动中，我们强调承认孩子的感受是非常重要的。与此同时，我们为他提供可选择的方案，重构视角。注意一定不要以任何方式责备或嘲笑孩子。

使用面具可以使角色扮演更有趣，并且带来额外的力量。你或许可以在手边准备一些常用的表情面具，来代表特定的内在状态，比如受伤的（挫败的、悲伤的、痛苦的、恐惧的等），挑衅的（调皮的、令人恐惧的、危险的等）和像天使一样的（和平的、纯洁的、智慧的、受鼓舞的、自信的、无所畏惧的等）。

活动325　玩偶、木偶或小摆件　（4岁以上）

在角色扮演看起来有困难的时候，用木偶或者小摆件即兴创作一个小的表演或许是一个很好的替代方案。成人可以扮演不同的角色，也可以让两个孩子交换感受和观点。需要再次强调的是，游戏的目标是让孩子感到他的感受被认可，同时给孩子提供一个重构视角的机会。反面角色需要一直有礼貌地倾听和共情，同时提供一些替代方案以及更广阔的视角。

当孩子能够跟得上剧情并得到一些信息时，他可以被邀请进入游戏。他可以选择以任何方式进入。

4　选择和责任

这个主题的活动，目的是让孩子们明白，在任何时候，他们都是在通过自己的选择创造着自己的现实。每一天，是他们自己在选择看见什么、如何看、如何思考、如何感受。我们不是任何人的牺牲品，我们对自己的生命负责。我们的生活经历是由我们自己创造的。

所有这些观点显然都需要教育者通过活动带领孩子们去体验，而不是进行抽象的讲解。而且，对于年幼的孩子来说，这个主题的内容理解起来并不容易，他们需要一些简单的演示和渐进性的介绍来慢慢地理解。本章的大部分活动只适用于八岁以上的孩子。

对于很小的孩子而言，选择和承担责任这一指导原则也是适用的，但是需要注意必要的界限。一个孩子可能还不知道怎样做是合适的，怎样做不是。如果一个三四岁的孩子不想去洗澡，我们可以提供一个限制性的选择，比如"你选择带哪个玩具去洗澡？小船还是你的小动物？"，而不是"好吧，这是你的选择，你可以就这么脏下去"。我们最好给他提供一个选择，而不是直接给他压力，告诉他"你没有选择，你必须去洗澡！"（尽管有时候不可避免）。但是，所有的事情都让孩子来做决定是不合适的。（参见"识别需要表达请求"引言部分关于同主题的介绍。）

　　为我们所经历的事情"承担责任"，是情商教育的主要内容之一。教育者需要在整个教育过程中持续地示范并邀请学习者重复体验。这可以为个人赋力，使他拥有自己的力量，帮助他走出受害者的思维模式。自我负责的态度可以帮助我们在生活中设定和实现合适的目标。这种态度也是建立和谐关系的基础，因为这会让我们看清自己而不是责备他人或与他人争斗。

　　"承担责任"这一原则对于情商教育有很重要的影响。它会赋予人以力量。所以，我们在教学过程中显然应该尽可能多地为孩子留出空间，让他们自己设定目标，自主学习并进行自我评估。此外，当你发现孩子表现得消极、被动、偷懒时，当他们说"我不行"或"我不知道"时，你还可以和他们一起探索，如何把这些话改写为"我选择不做……""我选择不去说……",或者"我选择不知道",并邀请他们去感受这之间的差异。①

简要回顾给学生赋力的指导原则

1）听到并确认接收到的信息。

2）认可：这是你的现实，这是可以的（没有评判）。

3）认可个人的选择。

- 你是你现实的100%的创造者。
- 你的需要是什么？你的选择是什么？
- 无论你做什么都是你选择去做的。
- 无论你看到什么都是你选择去看的。
- 无论你想什么、感受到什么，都是你选择去想和感受的。
- 你不是任何人的牺牲品（除非你选择如此）。

4）邀请他们承担全部的责任。

- 你内在的什么部分使你这样看或这样想？
- 你可以看到这是你自己做出的选择，是你自己创造的吗？

---

① 本主题在我另两本书《由心咨询》和《情商教练手册》里有详细介绍，欲了解更多，请查阅相关章节。

- 你自己选择去这样感受、看、想……
- 你是一个受害者吗？你在选择放弃自己的权利吗？

5）充分信任他们有能力并可以找到解决方案。
- 你可以的，你可以学习。
- 没有失败，只有经历。
- 你可以信任你自己，信任你的身体，信任你的感觉。
- 解决方案是什么？

6）不要将自己认同为自己的行为、态度、思考和感受。
- 你不是你的态度，不是你的思想，不是你的感觉。
- 我可能不喜欢你的行为，但我仍然欣赏你这个人。

7）提供支持与欣赏，承认他们做出的努力，看到每个人最好的一面。
- 太棒了！你已经取得了很大的进步！

活动

活动401　站起来—坐下　　　　　　　　（10岁以上）

现场演示。带领者可以随机指向一名志愿者：

・请你站起来，谢谢。请你坐下，谢谢。

然后向志愿者提问：是谁让你站起来又坐下去的？

・（如果他的回答是"你"）真的吗？我有这个力量吗？那现在请你走到窗边然后跳下去，可以吗？是谁选择不去跳的呢？

讨论：是谁有这个力量选择去遵从还是不遵从呢？无论你做什么，都是你的选择。是你在掌管着这一切。

活动402　"我不得不"与"我选择"　　　（10岁以上）

1）你可以参考如下指导语："想一想并写下三件你觉得你不得不做的事情——不是你真的想去做的事情。用'我不得不'开头，写下三个简单的句子。例如'我每天早上不得不穿衣服''我不得不去上学'，等等。"

2）几分钟之后，让学生们念出他们写下的例子，并询问当他们在写下这些时，有怎样的感受。

3）你可以继续说："现在，再次写下这些语句，但是用'我选择'来代替'我不得不'。例如，'我每天早上选择穿衣服''我选择去上学'，等等。"

4）邀请学生们分享他们的例子，并询问当他们写下这些选择时，他们的感受是怎样的。这之间有什么不同？

5）如果学生有阻抗，帮助他们识别出他们的选择。你可以说："如果你不去做，会发生什么？你希望那样吗？不！所以，你选择了什么？"

6）讨论：当我们确认自己的生活是我们自己的选择时，我们会感受到力量，会拥有更多能量，会更积极。当我们感觉"不得不"去做某事，没有选择时，我们是无力的，没有能量，也没有动力。现在，很重要的认知是"我们总是有选择"，但是我们经常忽略了它。当我们认识到一切取决于自己时，我们会感觉自己更强大，世界更美好。我们不是受害者，我们在创造着自己的生活。

7）接下来，还可以带领团体进一步探索。你可以说："让我们再进一步探索一下。写下三个简单的描述负面情绪（恐惧、生气、悲伤、沮丧、内疚等）的句子，用'当你……（这样或那样对我）的时候，我感到……（这样或那样）'的句式来表达。例如，'当你离开我的时候，我感到悲伤''当你对我撒谎的时候，我感到很生气'等。不需要说出来你想到的那个人的名字。"

8）邀请学生们分享他们的例子，并询问他们，当他们这么说的时候，他们的感受如何？

9）你可以继续说："现在，重新改写这些语句，以'我选择'开头。例如，'当你离开我的时候，我选择感到悲伤''当你对我撒谎的时候，我选择感到生气'。"

10）邀请学生们分享他们的例子，并询问当他们确认这些都是他们自己的选择时，他们的感受如何？这之间有什么差异？

11）如果学生有阻抗，帮助他们识别他们的选择。你可以说："你还可以选择什么感受？你内在的什么部分使你选择这样感受的？"

12）讨论：我们的情绪、感受和思维模式都是我们自己选择的结果，尽管这个选择的过程可能是无意识的。认识到我们在每一件事情之中的体验、感受和想法都是我们自己创造的，这一点会对我们很有帮助，让我们更有力量。我们总是在做选择！因此，让我们清醒地知道我们所做的选择，并且确保我们做出的是最好的选择。

活动403　选择你的感受（引导放松）　（10岁以上）

引导整个团体进行短暂的放松，邀请他们关注自身的呼吸，感受他们的呼吸，感受他们的身体……邀请他们思考和感受不同的内在状态（在每种状态下感受20~30秒，足以联结这些感受即可）。

你可以参考如下指导语：

"回想一个你感到悲伤的时刻，花一点儿时间敞开自己，面对这个悲伤的感觉……"

"回想一个你感到开心的时刻，花一点儿时间敞开自己，面对这个开心的感觉……"

"回想一个你感到挫败、沮丧的时刻，花一点儿时间敞开自己，面对这个挫败、沮丧的感觉……"

"回想一个你感到自豪和自信的时刻，花一点儿时间敞开自己，面对这个自信的感觉……"

"回想一个你感到疲惫的时刻，花一点儿时间敞开自己，面对这个疲惫的感觉……"

"回想一个你感到充满能量和热情的时刻,花一点儿时间敞开自己,面对这个充满能量的感觉……"

在把团体带回到正常意识状态之后,询问他们从这个练习中得到了什么样的启发。你可以这样询问:

"从一种感受转移到另一种感受困难吗?"

"大概需要多长时间?"

"是谁在掌管这个?"

在这里,一个很有帮助的观点是"你可以选择去感受你想要感受的",尽管有时候,这些感受好像快要把我们淹没了。事实上,我们总是在做选择,所以当我们不高兴的时候,就让我们探索,如何去体验一些不同的感受。

活动404 体验身体语言　　　　（8岁以上）

当我们高兴的时候,或者当我们悲伤的时候,我们的声音听起来会有所不同,我们的脸看起来也会不同,我们的整个身体也好像在表达着不同的态度。现在,有意思的是,我们可以选择一个特定的态度然后观察它是怎样影响我们的。这可以帮助我们在不同的内在空间、不同的感受之间进行转换。

步骤：

1）指导语："让我们来体会一下，当我们站立时，两个肩膀靠拢，头向下看着地板，你有什么感受？"

2）指导语："现在，舒展你的肩膀，好好呼吸一下，抬起你的头，带着新奇的微笑看着你周围的世界。你有什么感受？"

3）指导语："让我们来看看我们是怎么走路的。"

带领团体成员体验，当人们在拥有以下感受时，是怎么走路的。

- 感到悲伤、压抑时
- 感到焦虑、恐惧时
- 感到有压力时
- 感到自豪、自信时
- 感到羞愧、内疚时
- 感到幸福、快乐时
- 感到喜不自禁时

4）邀请团体成员分享自己的体验，分享自己得到的启发。

活动405　怎样拥有完美的一天？　　　　　（8岁以上）

1）为自己想象完美的一天。你将在什么地方，在做什么？你会和谁在一起？

2）找出你的完美一天所需要的要素。你拥有什么、成为什么或做什么对你来说确实是很重要的？

3）闭上眼睛，想象（或观想）你正在拥有完美的一天，观察并描述发生了什么。当你身处完美的一天时，你有什么感受？呼吸并体会这些感受……

4）当你准备好，回到现实并写下或者画下这完美的一天。它看上去是什么样的？你需要什么？你对它有什么感受？

5）分享并讨论：去想象和体验这些对你来说有没有困难？你大概花了多少时间？是谁在掌控这个过程？（观察到这取决于我们自己的选择。）进入这种体验。

如果合适的话，团体还可以讨论一下吸引力法则：我们的内在现实是怎样塑造着我们的外在现实的，我们是怎样吸引到那些回应我们感觉和思考方式的情境的。理解到这一点会让我们充满力量：是我们自己在掌控生活！我们可以创造自己想要的生活，但我们首先必须在内在建立好这个现实。

活动406　假装（简单的即兴表演）　　（8岁以上）

邀请志愿者到前面来针对下面的一些主题表演一个自发的动作。时长在2~3分钟即可，志愿者不需要做任何准备。

1）单人表演：用不同的情绪或状态（悲伤、沮丧、狂怒、筋疲力尽、失望、欢快、害羞、焦虑、兴奋、怀疑、惊慌、心不在焉、惊讶、质疑、威胁、哭泣、戏弄、过分礼貌等）说出下面的句子。

- "早上好。"
- "这是不被允许的！"
- "你太淘气了。"
- "谁把这个草莓放在了我的鞋子里？"
- "我真是个笨蛋！"
- "不要挠我了。"
- "老板刚刚辞退了我。"
- "你许诺会来帮助我的。"
- 从1数到10，过程中带着生气、绝望、惊讶、兴奋等变化着的情绪。

2）双人表演：

• 甲对乙（以极度夸张的方式）诉说他恐怖、痛苦的童年，诉说他经历过的糟糕得令人难以想象的虐待、折磨和不幸。乙感到非常震惊。

• 你最好的朋友告诉你他对你的看法，有好的方面，也有坏的方面。当他说到你的缺点和不足，批评你的时候，你笑；当他说到你积极正面的部分，赞赏你的时候，你哭。

• 甲要求乙（乙演一个仆人）做各种各样的傻事，就像对待一个顺从的奴隶一样虐待他。（注意：带领者要确保演出有序进行，避免出现同学之间彼此不尊重的现象，如果出现，不要犹豫，立即交换角色。）

• 甲是被扣押的人质，正在被危险的恐怖分子乙看守着。然而，甲通过亲切耐心的劝说，成功地说服恐怖分子释放了他。

• 甲开着车遭遇了严重的交通拥堵，被困在路上。他变得越来越焦虑。乙是坐在甲旁边的一名乘客，试图让司机保持平静。

• 在正在进行考试的课堂里，甲（坐在乙的旁边）正试图偷看乙的答案，乙试图保护自己的试卷，避免被甲抄袭。

- 教师（甲）正在测试学生（乙），提了一系列简单而基本的问题。乙是一个极笨的学生，什么也不知道，一直答错。甲感到惊讶并逐渐失去耐心。

- 甲是一个餐馆的服务生。乙对餐馆的菜品不满意，不停地抱怨一切，比如食物、服务、价格、位置、卫生等。甲保持彬彬有礼的态度，但是非常坚决地拒绝乙的任何要求。

3）4~5人的表演：

- 甲在公用电话亭打电话。乙、丙和丁在排队等待。甲滔滔不绝，正和一个亲密朋友聊得起劲，其他人变得焦急起来。

注意：你还可以为你的团体创造更多表演主题。

活动407　团体雕塑：营救游戏　　（10岁以上）

请四位志愿者来到团体的中间或者前面。

第一步

让四位志愿者中的一位去"雕塑"其他人，其余三个人都扮演陶土（没有大脑，任由雕塑师摆弄，需要保持姿势以及面部表情）。雕塑师用"陶土"静态的体态姿势表达以下三种内容：

  A. 受害者（"我是无能为力的！帮帮我，有些人在对我做一些事情！"）

  B. 迫害者，攻击受害者（"既然你是无能为力的，这就是你应得的！"）

  C. 拯救者（"你是无能为力的，让我来帮助你。我会照顾你，你没有能力照顾好自己……"）

分享： 当雕塑师完成作品之后，带领者询问雕塑师想表达的是什么。感谢所有的扮演者并询问他们在这样的姿势下有什么样的感受。

讨论： 团体成员在现实生活中有没有过这样的表现？他们在学校和家庭里通常扮演这三个角色中的哪一个？他们有没有看到过其他人扮演这样的角色？

问题： 那个拯救者是一个好人吗？

回答： 拯救者的拯救行为往往会使对方一直陷入无能为力的状态，让对方认同自己是受害者。健康的方案是既不将自己认同为受害者，也不将自己认同为迫害者（嘲笑或者支持）。

除此之外，我们可以做点什么呢？负责任的策略是去思考，我们如何改变这种无能为力的状态。使用以"我"字开头的陈述句，选取清晰的立场，面对着对方，看着他的眼睛毫无畏惧地说"不"。

第二步

制作新的团体雕塑（可能的话，寻找不同的志愿者）。雕塑师再次用"陶土"静态的姿势表达出三个人物——受害者、迫害者、拯救者（观察者）——的互动。但是这一次，三个角色的姿态都传达出可以为自己负责的态度，传递着内在的力量，能够很好地照顾自己，表达自己的需求。

分享：当雕塑师完成工作之后，可以让雕塑师分享一下他想表达什么。感谢所有的扮演者并询问在他们的位置上他们感受到了什么。

第三步（可选项）

找四位志愿者，给他们3～5分钟的时间，选择上述一种情景（受害者—迫害者—拯救者情景，或富有力量的情景）并设计一个简单的剧情。

活动408　拥有感受　　　　　　　　（10岁以上）

将团体分成多个四人小组，或者找一个四人小组在团体面前演示这个练习,团体中的其他成员进行观察。

1)每个人想出一个别人让他感到生气的情景。然后每个人轮流:

- 描述那个情形;
- 说说那个人对他做了什么;
- 说说他有怎样的感受;
- 说说他是怎么想的(责备别人);
- 说说他是怎样反应的。

2)在四个人都描述完之后,每个人回顾一下刚才所发生的事情并说:"我选择生气。"然后四个人进行讨论,在其他组员的帮助下,找出他还有什么选择,可以有怎样不同的想法和行为(比如忽略、走开、微笑、平静地说"不"等)。

3)在大团体中汇报并进行讨论。

注意:这个练习也可以用来处理一个特定的冲突情景,详情参见活动808。

活动409 我的受害者故事　　　　(12岁以上)

团体成员两两一组。

1)每个人写下一个让自己有怨言或者有很大情绪反应的情

景（最好是最近发生的）。在这一情景中，参与者或许责备了其他人，或许有其他人做了让参与者感到不开心的事。

2）两两一组轮流分享这个故事。倾听者不要做任何评论。

3）每个人从一个完全承担责任的角度重新改述这个故事。可以参考以下指导原则：

- 识别出你的受害者模式，你无能为力的感受。
- 使用"我"开头的陈述句。
- 找出可能的新选择、观点和态度（你还可以怎样看待这个事情？你还可以选择哪些想法和感受？）
- 放下所有评判，关注你的感受。
- 识别你的需要。
- 思考还可以用什么方式提出你的需求？
- 识别你从中所学到的。

4）在大团体中进行分享和讨论。讨论时可以参考如下问题：

- 在受害者故事里，是什么让人感到沉重？
- 你可以做些什么来引起态度的改变？
- 从负面的心境转变为积极的心境需要多长时间？
- 是谁控制着你的情绪？是谁拥有权力？

活动410 度假（假期出游） （4岁以上）

讨论不同的出行方式，可以帮助孩子理解因果关系，还能激发孩子对于"地方"的学习兴趣，促使他和你讨论越来越广泛的话题和想法。

准备：马克笔；画着不同交通工具的图片；旅行画册；明信片。

步骤：

1）和孩子讨论，让他计划一个想象中的假期。询问他你们该如何到达那里，该带些什么，以及当你们到那里以后可以做些什么。

2）制作一张有不同交通工具（船、飞机、公交车、汽车、自行车）的旅行图表，找到和这些交通工具对应的图片，并将其放在图表上。

3）与孩子讨论这些交通工具是否需要水、风、汽油或电来帮助它们移动，把讨论的结果标注在图表上。

4）让孩子说出几种他曾经在度假时使用过的交通工具（可以用图片来丰富这个活动）。

5）收集不同景点的宣传图册，给孩子看这些画册，并讨论你们怎么才能够抵达那些地方。

活动411　好消息圈　　　　　　　　（7岁以上）

时间：约15分钟。

步骤：团体成员站或坐成一圈，每个人轮流简单分享他们身上最近发生的好事。可以是很小的事情，也可以是大一些的事，只要是积极的经历就可以。

提示：这个活动最好在小一点的团体里进行（少于12人），不然会花费太长时间。如果是在大团体中，那么可以分成小组进行。同一团体可以重复进行这个活动，因为我们总有新的经历。这也是一个很好的开始一节课的方式，因为这可以帮助教育者创造积极的课堂氛围。

5 探索倾听技能

在这一章，我们将和孩子们探索各种各样的能够帮助他们有效沟通和建立良好关系的态度和技巧。这一章会提供很多游戏和活动，不仅可以让他们持续发展沟通技能，还可以让他们识别自己的优势。

沟通涉及说和听两个方面。我们怎样说，怎样听？这两点显然是互相关联的，但是我们需要对二者进行分别关注。通常来说，我们建议先从沟通中倾听的一面开始探索。

探索倾听技巧最重要的活动之一是"分享圈"，对"说"而言也是如此。分享圈是情商教育的一个核心部分。分享圈使团体成员可以真正凝聚在一起，作为一个集体来面对现实。但是分享圈要求带领者必须对团体的能量予以"管理"。在分享圈中，沟通必须遵循一定的规则。在确定好分享圈的规则后，必要时，带领者可以将这些规则以海报的形式张贴起来，确保团体成员在任何需要的时候都能看到这些规则。围坐一圈是分享的最好形式，它给人更多的安全感，让人可以更坦诚、更放松地融入其中，也更方便每个成员看见彼此。使用象征性的"麦克风"（参见"神奇话筒"），经常是教授有效倾听技能的很有用的工具。在所有主题的活动中，我们都可以采用分享圈的方式进行讨论。团体不应该太大。如果有需要，带领者可以将团体分成5~7人的小组。可以指定一个人为规则的提醒者或监督者，再指定另一个人为向大团体汇报的"报告员"。还也可以找一个小组到团体中间来示范，其他人则观察他们是怎么应用规则和倾听技巧的。然后，团体成员给出反馈，以无评判的方式分享自己的观察。

针对年龄大一点的孩子，比如青少年，在某个时间点，清楚地列出倾听和不倾听的区别，找出阻碍倾听的各种障碍和有效倾听的原则，是很有帮助的。这时候，我们可以使用卡片。

倾听—接受	不倾听—不接受
开放的，吸收	封闭的，拒绝
说"是"	说"不"
看着说话的人	回避眼神接触

完全临在	容易被打扰
不打断	打断，回到"我"
确认信息的接收	用言语反应
提问	解释
认可	批评，评判
帮着澄清问题	给出建议和方案

倾听的障碍

我们需要识别出那些阻碍真正沟通的东西。

·没有时间，不方便，忙着做其他事情，有其他需要优先考虑的事情，疲倦。

·不能集中注意力，被别的事情干扰（电话、电视、游戏……）。

·自我中心。被自身的需要和担忧主导，非常需要谈论自己的故事，打断，不留谈话的余地。

·用头脑去倾听。回答，反应，用不同的意见反对，解读，推理，解释，评判，批评。

·好奇，侵入，调查性的提问。

·倾听的过滤器：

·自己的情绪，自己的需要，个人的兴趣；

・自己的信念系统，预设的观点，假设，期望，价值观；

・歪曲信息（没有真正听到对方说了什么）；

・侵入性地帮助，比如给出建议、安慰；

・"我更懂"，比如对对方说"让我来告诉你""你不明白"……

有效倾听的指导原则

我们需要识别出哪些要素可以让沟通保持在一个开放的、有吸引力的、安全的空间里。

・持续的注意（不打断，保持目光接触，不在同时进行其他活动）。

・确认信息的接收（给出表示你已经接收到信息的信号，反射，总结）。

・确认感受、意见、需要、要求等（回顾并清楚地表达你明白并感谢对方沟通的内容，包括语言的和非言语的）。

・积极倾听（邀请参与者讲话，提出问题，帮助他们说更多，帮助他们澄清感受、意见、立场、选择和方案）。

・表达共情，真诚地接纳（"无论你说什么，都是可以的"）。

・对非言语的信号保持觉知。

活动

活动501　你听见了我听见的吗？　（3岁以上）

这项活动可以帮助孩子聆听及分辨声音。这是理解语言交流的一项重要技能。

准备：眼罩；马克笔；白板或招贴板。

步骤：

1）在白板上写上"睁着眼睛"和"闭上眼睛"，并且在字的下方画上对应的一只睁开的眼睛和一只闭上的眼睛。

2）向孩子们提问："为什么听力是一种很重要的感觉？列出其他能够帮助我们了解周边环境的感觉（触觉、视觉、味觉、嗅觉）。"

3）让孩子们（一次可以邀请1~3个志愿者）告诉你他们听见了什么，将他们的答案写在"睁着眼睛"的下方（你可以选择在户外做这项活动）。

4）让孩子们闭上眼睛或者戴上眼罩。

5）引导他们花一两分钟时间保持安静并专心聆听。

6）让孩子们（眼睛仍旧是闭上的）告诉你他们听见了什

么。把他们听见的写在"闭上眼睛"的下方。

7）比较这两列答案。当他们闭着眼睛时，是不是听得更好？为什么会这样呢？

讨论倾听我们身边的声音的重要性。

活动502　接纳圈　　　　　　　　　　（4岁以上）

时间：约10分钟。

步骤：

1）让所有团体成员站成一个大圆圈。由一个成员先开始。他先做一个小动作，可以伴随一点声音。

2）然后他（她）旁边的人要试着做同样的动作。将这个动作在圈里传递下去。虽然我们希望这个动作和声音不会发生改变，但传着传着，它们肯定会变得不太一样。

注意：团体成员要注意到被突然改变的动作，比如胳膊或腿上的动作被从左边换到了右边。这是不应该发生的，但也难以避免。一旦发生了，下一个成员就要接受这样的变化。同时，每个人还要注意看和听与自己相邻的成员可能发出的轻吟或叹气，这些声音也应该被下一个成员表演出来。

活动503　喜欢—不喜欢圆圈　　　　　（4岁以上）

时间：10~15分钟。

目的：对于年幼的儿童来说，这一活动的目的是让他们学会倾听别人，注意到别人，并接纳彼此间的不同。这个活动也能提高他们的自我表达能力。

步骤：

1）团体成员站成一圈，每个人轮流说一件他喜欢的事情，同时要往圈里迈一步。

2）那些有同样喜好的人听到后也要往圈里迈一步，然后再一起回到自己的位置上。

3）以此类推，下一位继续说他（她）喜欢什么。例如，"我喜欢看日出"。在轮流说一圈"喜欢"以后，可以再让成员说一圈"不喜欢"。例如，"我不喜欢早上5点起床""我不喜欢被蚊子咬"……

替代方案：我们还可以探索一些其他的主题，比如"我擅长……""我不擅长……""我想要……""我害怕……""当……时，我感到难过""当……时我感到伤心"，等等。

活动504 对话 （6岁以上）

"对话"这个词是什么意思？

我们还可以用什么词语来描述一个对话过程？（比如聊天、谈话……）

回想一个你在今天、昨天或最近几天经历的一段对话。把它写下来,或者以此为基础画一幅画。

- 这是和谁的对话?
- 是谁开始的这段对话?
- 这段对话的内容是关于什么的?
- 是谁主要在说?谁主要在听?
- 对话是怎样结束的?

活动505　对话示例　　　　　　　　　（8岁以上)

邀请两个志愿者到前面或者圆圈的中心来。请他们针对一个给定的主题展开一段对话。比如他们一起游学的经历,他们喜欢的电视节目,他们喜欢的书或者故事……

这段对话会持续3~4分钟,除此之外,你不需要给他们任何指导语。接着,要求团队内的其他成员观察他们的倾听和谈话技巧(要像照相机一样观察,没有评判,只是注意他们做了什么或者不做什么,包括肢体语言)。

活动结束之后,首先感谢两位志愿者。询问他们对这个练习的感受,请他们谈谈好的讲话技巧和倾听技巧是怎样的。

邀请整个团队分享他们所观察到的:有哪些好的讲话技

巧？有哪些好的倾听技巧？当他们互相交谈时，他们在做什么？他们看着哪里？他们的声音听起来怎样？他们总是同时说话吗？

你还可以要求他们列出并写下那些好的讲话技巧和倾听技巧。

活动506　轮流讲话　　　　　　　　（6岁以上）

想象你自己正在和一些朋友对话。想象他们一直在说，你都没有机会插进去说点什么。这时发生了什么？你有什么感受？你会怎么做？把这些写下来。

分享：讨论一下在许多活动（如谈话、游戏、团队工作）中，让每个人都有其机会的重要性。有些人很容易发出他们的声音，但是另一些人并非如此。怎样"邀请"一个人参与到谈话中来？

活动507　保持目光接触　　　　　　（8岁以上）

步骤：

1）团体成员在房间里自由走动，不要互相触碰，不要讲话，不要看彼此（1分钟）。

2）继续走，但可以和其他人有短暂的目光接触，不要停留。放下所有的思想，只是对感受保持觉知（2分钟）。

3）当你与某人相遇时，在彼此面前停留一下。接受这个目光，只要你感到舒服。让自己完全投入这次交流中……稍做片刻，依然不要交谈。觉知你的感受，探索一下只是去看而不是想是什么感受，就像你第一次看见这个人那样……如果你准备好继续走，就再次走起来（3分钟）。

4）现在，选择一个伙伴，面对面坐下来，确定好谁是A谁是B。每个人轮流花3分钟看着你伙伴的头，并描述你看到了什么。

5）试着像第一次相遇一样看着对方。认真观察对方，就像一个照相机一样。不要思考，不要解释，只是描述。只是用一些词语来描述你观察到的，每个句子都用"我看到"开头。这是一个需要保持安静的练习，不要交谈。清楚了吗？有什么问题吗？开始。3分钟之后，交换角色。

6）写下以下问题的答案并进行团体分享（对于不会书写的学生，口头表述即可）。

- 为什么在我们交谈的时候，看着对方很重要？
- 当你和别人说话但对方不看着你时，你有什么感受？
- 你是否曾觉得交谈时看着对方的眼睛有些困难？那是什么时候？是和谁谈话？当时是什么情况？当时你有什么具体的感受？这种情况经常发生吗？你需要做什么才能

更舒适地看着对方的眼睛?

・在什么情况下,你觉得保持目光的交流是舒服的?是与什么样的人?这类人与上一类人有什么不同?

可以先在5~6人的小组内分享。最后在大团体内分享。

活动508　分享圈的规则　　　　　　　　（5岁以上）

时间：10~20分钟。

分享圈是情商教育的一个核心部分。这是团体动力得到最充分展现的地方。在分享圈里,团体成员会看到与现实相关的很多维度。不管怎么说,这个交流的空间有其自己的规则。团体的能量必须被以适当的方式管理,沟通必须遵循一些明确的规则。带领者需要确保这些规则被很清楚地定义、整合以及尊重,并且在必要时给予团体成员提醒。

带领者需要注意:

・不强迫任何人发言。

・接纳沉默。作为活动的引导者,带领者的主要任务是学习保持安静,这样才能将空间留给孩子们。

・当谈话已经偏离主题或变得有攻击性时,带领者要能够识别到,并将引导团体成员将注意力集中在具体的、个人的议题上。

・邀请大家进行清晰而明确的自我表达。

带领者还需要提醒孩子们以下规则（可以经常提醒他们，可以做一张海报，也可以把规则贴到墙上），你可以从中选择适合你所教的孩子的年龄段的规则。

・我们接受专注于当下，在分享时不离开团体。

・我们同意每次只有一个人说话。

・我们接受只在得到了说话的权利（被指名或者拿着"神奇话筒"）之后才说话。

・我们同意尊重时间限制，也让其他人能说上话（平衡说话的时间）。

・我们同意不打断正在说话的人，不插嘴。

・我们接受要去看着正在说话的人，并给他全部的关注。

・我们同意在为自己说话的时候使用"我信息"，避免使用任何批评或暴力的词语。

・我们接受不与身边的人窃窃私语。

・我们接受要保持诚恳、真实。

・我们同意把这个团体当作一个整体来对待。

・我们同意让每个人都可以自由地表达自己（不论他是怎么感受的或是怎么想的）。

・我们同意尊重被表达出来的一切，并保持积极的态度。

活动509　神奇话筒　　　　　　　　　　（4岁以上）

为了帮助孩子们做到在进行小组活动或者圆圈分享时（或者在任何形式的冲突情况下）一次只有一个人发言，让他们准备并装饰一个木制的大勺子或者棍子，用来假装话筒。孩子们拿着这个话筒的时候会感到自豪和被赋予力量。只有拿到话筒的人才能说话，当说完的时候，他可以传给下一个要说话的人。没有神奇话筒的人不能讲话。

这个"神奇话筒"可以放在某个地方备用，需要时就拿出来。这还可以提醒每个人，他只能谈论他自己（使用"我"字陈述句），而不是其他人。很显然，我们需要很清楚地说明这个话筒是属于每一个人的，没有哪个人可以比别人更长时间地占有它。人们应该尊重每个人平等讲话的机会。

活动510　镜像　　　　　　　　　　　　　　（12岁以上）

步骤：

1）在圆圈的中间，两个参与者面对面站立，互相看着对方，在想象中变成对方（互相观察对方，保持沉默，与对方保持完全一致，不仅在姿态上，还要在感觉上、思想上、能量上保持一致）。想象在他们中间有一面镜子。A开始慢慢移动，就像他正在试一件新衣服，在照镜子一样。他移动的方式要让B可以保持完美的同步，让B能够反映这个图像，来扮演这面镜子。他们可以以任何方式移动，要尽可能保持完美的同步（不要突然地移动，不要尝试欺骗搭档）。2~3分钟后，交换角色，由B来带领。

2）另一对组合（C，D）到团体中间来，面对面、膝对膝地坐好。带领者给出指导语："这仍然是关于观察和镜像的游戏。"带领者问C："你现在有什么感受？"C做出回答，时间约1分钟。接着，D完全重复C所说的话，在内容、语调、音量和态度上都尽量保持一致。带领者邀请整个团体反馈他们的观察：D模仿得有多准确？有什么被丢失了，或被修改了？

3）又一对组合（E，F）坐到团体中间，依然面对面、膝对膝地坐好。E向F提问："你现在对我有什么感觉？"F做出回答（约1分钟）。E精确地重复，在内容、语调、音量和态度上都要一致。邀请整个团体反馈他们的观察。

4）分享与讨论。你感受到什么？这个活动带给你怎样的体验？你从中获得了怎样的洞见和学习？能够真正进入别人的现实（视角）有多重要？有效地倾听需要这个技巧。有时候，当人们需要保持非常敏锐地倾听时，镜映和重复对方所说的可能是恰当的方式。

活动511 我是什么动物？　　　　　　　（4岁以上）

时间：约15分钟。

目的：记忆其他团体成员的名字，促进彼此之间的交流以及学习、合作。

人数：12~30人。

准备：用胶带将动物图片黏在参与者的背上，将动物的名字写在图片上。

步骤：

1）带领者在每个参与者后背都贴上一张动物图片，确保不让参与者看见自己背上贴的是什么。

2）参与者在屋子里走动。当他们遇见另一个人时，他们要说出自己的名字并彼此都问对方一个问题，目的是要搞清楚他们背上的动物是什么。回答只能是"是"或"不是"（例如，一个孩子可以问"我有腿吗？""我是不是生活在水里？"）。

3）那些发现了自己是什么动物的人可以继续玩，只是他们不再需要问问题，但仍可以去回答那些还没有发现的人。

替代方案：这个游戏也可以在彼此熟悉的孩子之间玩，他们可以省掉一开始说出自己名字的部分。

活动512　"我在这里"　　　　　　　　　（8岁以上）

这个练习的目的是探索个体是怎样存在于自己的身体里和外表中的。

要求一个志愿者走到门口，离开这个房间，然后再走进来。他将走到前面的一个地方（离门要有足够远的距离），面向观众，然后说"我在这里！"没有其他语言，不和任何人有身体接触。

游戏的目的是通过这个动作和这句话来确认个体的高品质的临在。这一点对于建立良好的沟通而言至关重要。我们谈论的是存在的"品质"，而不是声音的大小。你的身体语言是在确认还是在削弱你的存在感？你真的在这里，和我们在一起？

还是你并不在这里？……

邀请团体中的所有人观察志愿者手臂的摆动姿势，头部的动作和眼神，双腿和走路的姿势，语音语调，时间节奏和整体。当练习结束时，团体中的其他成员要给予反馈：不带任何评判地描述自己观察到了什么。这是一个"像照相机一样看"的观察描述练习：仅仅描述观察的内容。

带领者回顾整个练习的情况，从志愿者开始进门，到口头表达，尽可能准确地描述所有细节。然后，带领者问志愿者有何感受，他是否尽可能地让自己与团体同在，与团体建立了真正的联结。如果团体成员愿意，可以多进行几次类似的练习。带领者还可以根据时间安排，邀请数个志愿者做同样的练习。

分享与讨论：探索和强调在社交和沟通中存在感的重要性。我们会在多大程度上避免存在于某种情境中？对我们来说，建立在某个环境中的存在感是容易做到的，还是难以做到的？什么能够帮助我们存在或表达我们的存在感？什么妨碍着我们安于当下？

注意：这个练习也可以用来发展自信。

活动513　确认接收　　　　　　　　（10岁以上）

你可以有很多方式表达你接收到了信息。在接收信息时，你完全地临在、倾听。怎样表达"是的，我接收到了你的信息"？你可以说"好的""对的""我听到你说的话了""我懂了""我明白了""真有趣""真的吗？"非言语的方式可以是点头，发出"嗯"的声音。如果你没有听得很清楚，你可以说"你真正要表达的意思是什么？"，或者"你想要说的是什么？"。你也可以复述一遍对方说的话，确认你听到的是不是准确的。

仅仅是让对方知道你听到了他所传递的信息就已经是一项重要的技能了，这可以帮助你更有效地倾听和沟通。

活动514　"我"字陈述　　　　　　　（10岁以上）

"我"字句指的是：

- 以"我"（避免用"你""他""她"……）为主语；
- 谈论的是"我"（而不是其他任何人）的观点；
- 谈论"我"自己的感受，"我"的需要，"我"的要求；
- 避免责备、批评、冒犯或者施压。

从"我"字句中,我们能获得的最大的好处是我们不再给谈话对象任何压力,对方也可以更好地听我们说,还可能认可我们的感受并尊重我们的需求。

活动515　倾听放松练习　　　　　　　　（8岁以上）

你可以参考如下指导语(用很慢的语速念,允许静默的存在):

"后背坐直,放平双腿和双手,深深地呼吸,放松下来。闭上眼睛,让你的耳朵去听,听你周围的声音(10秒)。只是接收这些声音……所有的声音,有的近,有的远……也许还有你身体里的声音……(10秒)也许有些声音你很喜欢,有些你不喜欢……观察你可以怎样接收所有的声音,无须任何思考,只是接收(10秒)。现在请把注意力集中在这个房间里,感觉周围所有人的存在……观察你的感受……你感到开放和安全吗?还是不那么安全?只是观察,放松,感受……深呼吸……

"现在,准备回到日常清醒的状态。做一次深呼吸,当你感觉准备好了,就睁开眼睛,伸展一下四肢……"

分享与讨论:在这个练习中,你有怎样的体验?倾听是接收的、敞开的、欢迎的……

活动516　身体说话　　　　　　　　　　（3岁以上）

时间：约10分钟。

步骤：

让孩子用非言语的方式（即身体和面部表情）表演出以下指示。（每人一次。指示被写在纸上，放在纸盒里。每个人在表演前抽取。）当每个人去表演时，团体要去猜他得到的指示是什么。

纸上的指示可以是：

- 万岁！
- 对不起。
- 不是我做的！
- 你真丢人！
- 我不是故意的。
- 你说了什么？
- 我不知道。
- 过来，快！
- 做得好！
- 噢，不！

等等。

活动517　非言语对话　　　　　　　　（8岁以上）

邀请两个参与者在团体面前即兴表演一段没有语言的对话，就像聋哑人那样，只使用身体语言和手势。给他们一个主题，不要让团体中的其他人知道，然后让团体中的其他人来猜这个主题。

主题可以是：

- "周日下午四点来参加我的生日派对"；
- "我希望我们在你家里一起做家庭作业"；
- "我收到一个新的游戏，你愿意来一起玩吗？"。

活动518　传播流言　　　　　　　　　（8岁以上）

5~6个志愿者离开房间。带领者先叫进来第一个人，给他看一张图片（只给他看）。要求他仔细地观察，并指示他要描述给下一个人。带领者邀请第二个人进来。第一个人向第二个人描述他看到了什么样的图片。第一个人可以用语言和手势，但没有图片，也不能画画。第二个人只是倾听，不能问任何问题。邀请团体安静地观察并记录自己的观察。接着叫第三个人，第二个人重复描述他所听到的……继续进行，直到最后一个人完成。要求最后一个人在黑板上写下他接收到的信息。然后带领者把图片展示给大家，大家把它和最后的描述进行比较。团体（观察者）记录下他们观察到的每一次沟通的"表现"。

每个观察者手上有一张卡片。卡片要有六栏空白处，分别记录对六个参与者的观察，比如遗漏的、扭曲的信息或者其他评论。接着，志愿者分享他们的体验。

分享与讨论：怎样有效地沟通，应该做什么、不做什么。

6 识别需要，表达请求

婴儿有强烈的需要和迫切的欲求。他们完全依赖于他们的环境，需要通过环境来获得满足，并且他们知道怎样给出必要的压力来获得他想要的：喊叫就是一个很有效的工具！教育就是让生命成长，自主、自治并与环境平衡交互。因此，孩子们需要逐渐地学习如何平衡他们的欲望，如何应对挫折，如何分享和尊重他人的需要，如何要求他们想要的而不给别人施加令人难以忍受的压力，如何为获得满足自己的需要负责，如何创造他们自己的现实，设定他们自己的目标，并且采取行动以达成他们想要的结果。

孩子在这个学习的过程中需要帮助，但是完全满足他们所有的需要和欲望而不给他们机会发展这些技能是个巨大的错误。如果一个三四岁的孩子发现通过哭喊和强硬坚持就能得到自己想要的，那他就会一直这样做，只要这样做是有效的。这个年龄的孩子最需要的是清楚的指导和界限：有些态度是可以的，有些是不可以的；有些行为是有用的，有些是没用的。儿童需要理解，不是所有的愿望都能得到满足，并且有一些愿望可能完全是不合适的。教育者要让儿童明白，他需要平衡自己的需要，需要保持对其他人的尊重，需要逐渐放弃哭喊这一自我表达模式，发展出一种更成熟的沟通方式。

下面是在这一学习过程中有用的提示：

· 识别出他们的要求和欲望，但是在恰当的时候，要坚定而温柔地说"不"。

· 让他们知道哭喊这种向他人施加压力的方式不一定有用。

· 对于表达恰当的需求，成人应当适当地予以满足，而不是迫于压力去满足他们。

· 以平衡关爱的方式为儿童提供应对挫败的机会，因为挫折是极为重要的学习经验。

· 尽早地邀请孩子明白，他们不可能得到所有他们想要的东西。

· 帮助他们学会心怀感激，与没有拥有那么多的孩子相比，感恩自己所拥有的。

· 邀请他们分享他们拥有的，当他们想要一些新东西时，可能给出一些旧东西。

• 延迟满足。对于一些不是基本需要的要求（比如甜品和玩具），设定满足的节奏，比如一周一次，一个月一次，或在某些特定的场合（如生日），将其作为一个好的行为或学校良好表现的奖励，等等。

• 从孩子很小的时候（大约四岁）开始，你要和你的孩子建立一系列规则，确定哪些事情可以做，哪些事情不可以做。让这些规则看上去更像是协议，可以设置奖惩措施。这些应该作为共同制定、协商或接受的指导原则。

• 当他们稍大一些时（依据他们个人的准备程度，如大约9岁或10岁）允许他们管理自己的零用钱，这样他们就可以体验到资源是有限的。

对教育者而言，重要的是要明白，这不应该是教育者和孩子之间的一个权力斗争。这无关严格的规则或苛刻的纪律，这是一个学习的过程。我们知道学习过程需要爱，有爱才能有效率。爱，但不软弱。爱和清明，认同和支持，理解和清晰的指导，这些使孩子为应对未来的挑战做好准备。这要求教育者拥有细致入微的倾听能力和爱的能力，同时也要求教育者具有坚持不懈的精神和力量。这当然还要求教育者有识别孩子真正限制的能力，这可以避免孩子们承受过多伤害和压力。

随着孩子的成长，他们的欲望和需要可能会变得越来越不同。能够识别出自己真正的需要，是他们发展恰当地提出需求技能的重要一步，也是他们能够设定目标和澄清目标的基本要求。在介绍需要和欲望的时候，教育者需要向孩子们澄清的一点是，需要和欲望都是被允许的，它们只是在不同的层次。如果我累了，我的需要是睡觉；如果我饿了，我的需要是吃饭。欲望可能是睡觉前想看电视，想吃某种饭菜而不是我面前就有的食物。欲望是具体的、特定的，需要是抽象的、基本的。我们需要被爱，我们需要被承认。有时我们可能也希望得到某一个特定的人的爱和注意。然而，那个潜在的需要实际上与那个特定的人没有必然的关系。

在谈到需要时，教育者可以邀请学生一起来完成一个有关需要的列表，可以涉及生理、社交、心理和精神等不同层面。

生理需要：富足，居所，行动，空气，钱，热量，舒适，休息，水，能量，空间，领地，锻炼，光，运动，食物，快乐，笑声，清洁，睡眠，健康，安全，性，阳光，触摸。

社交需要：接纳，友谊，爱，归属感，欣赏，认同，自主，选择，自由，交流，信任，关心，联系，约束，倾听，家庭，真实，诚实，正义，母亲，父亲，目标，有趣，笑声，有序，韵律，亲密，安全，尊重，成功，沉默，支持，领域，身份。

精神需要： 爱，美，庆祝，一体，团体，创造力，优雅，幽默，灵感，欢乐，轻盈，平和，秩序，梦想，价值，真理，光，智慧，意义，和谐，平衡，无限，正义。

情绪是没有被认可的需要的表达。当我们的需要没有被满足时，我们会感觉糟糕、不快乐、痛苦。如果你是老师，请和你的学生们一起探索，当他们处在各种不同的情绪状态时，应如何识别其中未被认可的需要？

要想进行有效而明确的沟通，需要我们具备一种能力，那就是可以清楚地表达我们需要什么，并能以开放和尊重的方式提出我们的请求，但是不强迫任何人满足我们的需求。有冲突的需求或者意见不一致也是我们的生活和所有关系的一部分，即使在与最亲爱的人的关系中也是如此。我们需要发展的技能是能够协商出双赢的处理方式。

当介绍请求时，请探索下面的问题：

- 怎样得到我们需要的？（提出请求。）
- 如果我们不提出请求，会发生什么？（我们没有征得同意就拿走或抢走，这通常会引起冲突。）

因此，有效的请求必须是：

- 开放的、可协商的；
- 积极的；
- 现实的；
- 明确的。

无效的请求是：

- 你必须要……
- 如果你不做，我会……
- 不要这样做了。
- 你应该知道我想要的是什么。为什么非得我向你提出来……

这个主题和另一个关于压力和评判的主题关系很紧密。这是探索我们自身的机会。我们在这一主题下探索：如何给别人施压，如何看待他人，以及我们是怎样倾向于给他人贴"标签"的。

压力是：

- 给予命令而不是礼貌地提出请求。
  - "做这个！不要做那个！"

- 情绪。比如叫喊、生气、悲伤（不承担责任）、挫败。
    - "如果你不这样做，我会很不高兴！"

- 责备，批评，评判。
    - "你怎么可以这么自私！"

- 语言暴力，比如叫喊、侮辱、威胁。
- 身体暴力，比如打斗、打人、推人。
- 微妙的操控，比如撒谎、影响。
- 敲诈。
    - "如果你不这样做，我就不喜欢你了。"
    - "我不会允许你……我会报复你……"

怎样避免施压和贴标签呢？我们需要从识别并承担我们的思维、感受和沟通模式的责任开始。一个有用的技巧是使用"我"字陈述句和客观的观察，而不要涉入其他人的领域。我们也没有资质去做正确的评估。

活动

活动601　彩色圆点　　　　　（8岁以上）

这是一个非言语游戏，游戏期间，参与者不能说话。带领者在每个人额头上贴一个彩色圆点（有5种不同颜色的圆点，各色圆点数目并不等同）。参与者不应能看到自己额头上圆点的颜色。

当每个参与者头上都有一个圆点时，带领者进一步说：

"现在我请相同颜色的学生成为一组。请大家保持沉默，并找到你的那一组，对你的感受和想法保持觉察。

"现在，在每一个小组里，你们彼此之间抓住肩膀（站成一队或者围成一圈），并且确定一个共同的声音作为小组的声音，选择一个能让你们成为一个整体的声音。准备好之后，发出你们的声音。

"现在，我要求你们重新分组，不同颜色的人构成一组。在每一组中，同一种颜色不能出现两次。听到我的口令时再开始。好了吗？开始。

"现在，再一次在每个小组里，彼此之间抓住肩膀（站成一队或者围成一圈），确定一个共同的舞蹈作为你们小组的'队舞'。准备好之后，开始跳……"

讨论：

参与者分享在游戏中体验到的感受和需要。

　　·你有什么感受？你对他人有怎样的感受？这有什么不同？

　　·试着指出你的感受背后的需求。

　　·这个游戏和现实生活有多大程度的相关？（现实生活中的歧视模式。）

活动602　这些感受背后的需要是什么？　（8岁以上）

如果你感到冷、饿、困、不耐烦、担忧、嫉妒、孤独、被拒绝、紧张、筋疲力尽、迷失、无聊等，那么你感受背后的需要是什么？

活动603　识别你的需要　（8岁以上）

写出来并分享：花一些时间想一想并识别出你当下的需要，包括你在家里、学校或生活中的总体需要。你最缺失的是什么？你想向父母要什么？你想向你的其他家庭成员、朋友、老师要什么（不限于物质方面）？

活动604　提出你的请求　　　　　　（8岁以上）

将团体分为4~5人的小组（或者让其中一组在团体面前示范这个练习）。

带领者可参考如下指导语："保持沉默并互相观看。想一下你想对你这个小组的每一个成员提出什么请求，可以是一些容易实现的友好的请求，也可以是意料之外的请求，比如'你可以做我的朋友吗？'或者'我可以借你的词典吗？'。请求必须是明确而积极的，最好是做什么事而非不要做什么事（不是'请你不要烦我了'）。要用一种合适的方式提出请求，让他们可以自由地选择说'好'或者'不行'（给对方三分钟的时间思考）。当你们准备好了，轮流说出你对朋友们的请求。当一个人说的时候，其他人不要打断，你只能回应针对你提出的请求（但是你不是必须要回答）。"

讨论：你在提出需求时有什么感受？当别人向你提需求时，你又有什么感受？你在这个练习中发现了什么？带领者需要向团体成员强调，找出自己真正的需求并清楚地提出来是多么重要的一件事。当你被要求做什么时，诚实的回答也很重要。说"不"是不是很难？能够接受"不"也很重要。我们并非总能得到我们想要的。不管怎样,带领者需要强调行之有效的提出请求策略:开放、积极、现实而具体。

替代方案:对于年幼儿童来说,这个活动也可以简化为向小组里的某一个人只提出一个请求。

活动605 零—零—七   (8岁以上)

团体成员站成两个圆圈,内圈的人面朝外站着,外圈的人面向里站着。这样每个人都和另一个人面对面。保持与两侧和前面的人都有一臂的距离。然后胳膊放下至身后。我会说"零—零—七",当我说出"七"的时候,你要向你对面的人伸出一只手,可以伸出一、二、三、四或五根手指。

一根手指的意思是:我不想和你联系(我将背对着你)。

两根手指的意思是:我想和你有目光接触。

三根手指的意思是:我想和你握手。

四根手指的意思是:我想紧握你的双手并向你亲切地问候。

五根手指的意思是:我想拥抱你。

准备好,看着你面前的这个人,确认你对这个人的想法和感觉,确认这些感觉和想法都是由你创造的,确认你的需要、担心、要求……零—零—七!

对内圈的人：给出你准备的"礼物"。

对外圈的人：给出你准备的"礼物"。

现在，内圈的人向右迈一步，面对一个新人……

如此，内圈与外圈的成员轮流相遇……

讨论：

觉察你的想法和感受，认识到它们都是你自己制造出来的。

- 你有什么想法和感受？对方有什么想法和感受？
- 是什么让你感到你爱或者信任某个人？
- 什么是评判？
- 你在多大程度上给别人贴了标签？
- 你在多大程度上认同别人给你贴的标签？

看见	vs	**评判**
可以		不可以
看		思考
开放		封闭
接受		斗争
和谐		紧张或冲突

活动606　我们最重要的需要是什么？　　（9岁以上）

时间：10~15分钟。

你可以参考如下指导语：

"用一点儿时间回想一个你感到非常开心的时刻。那是在什么时候？在哪里？发生了什么？你有怎样的感觉？

"当你身处在那个开心的状态下，你可以识别出有哪些深层的需要被满足了？哪些深层的需要在开心的体验中得到了满足？"

团体成员进行头脑风暴，并在白板上写出所有的答案。

接着，团体成员共同探索以下问题：

・人还有哪些其他需要？（生理、心理、社会需要……）

・当我们的需要没有被满足时会发生什么？（不舒服、不满意、挫败、情绪、疾病……）

・当我们的需要和其他人的需要相冲突时会发生什么？我们可以如何解决？

讨论：我们的情绪通常是一些信号，让我们可以看到我们有未被认可或满足的需要。能够识别我们的需要并表达出来是有用的。我们可以寻求认可，我们可以表达要求，但我们不应该把我们的需求强加在他人身上。怎样不施加压力地表达请求？

还可以讨论：需要和请求之间的区别是什么？我需要吃，我想要我最喜欢的一道菜……我需要喝，我想要"可乐"……我需要鞋子，我想要这双红鞋……欲望对我们的生存而言并不重要。

活动607　第一印象　　　　　　　　　（8岁以上）

准备：与参与者数量相等的A3大小的纸张。在每张纸的上半面粘上一张从杂志上找的图片。图片是来自不同文化背景、年龄、教育背景的带有表情的面孔。在图片下方留出空白，可以画一些横线，以便团体成员可以写不同的评论。

将团体分成6~8人的小组。

让游戏参与者在纸的下方写出他们对图片上人物的第一印象。

带领者可以参考如下指导语："你看到图片的第一印象是什么？请写在最后一行。"

写完之后，让每一个人把纸的最下面折上去一点，遮住他们刚才所写的（向后面折）。然后把这张纸传给他们右边的人,再从左边的人那里拿过来一张。以此类推,当图片被传一圈之后,团体成员一起阅读所有不同的评论。

讨论:分享第一印象的相对性。我们都有不同的欣赏取向,不同的感受。这里面有多少是我们自己经验的"投射"?有多少评判?

活动608　角色扮演　　　　　　　　　（10岁以上）

1)在一个餐馆里,顾客A叫住服务生B,说:"这个菜里有一只苍蝇!我不要了。"A非常生气,坚持要换一盘新做的菜,但是B怀疑并反对:"这个菜你已经吃了一部分,苍蝇可能是菜端上来以后飞进去的。"

2)A的家庭作业还没有做完,他试图说服他的妈妈或者爸爸让他先去一个朋友家玩。

3)A是一个爸爸或妈妈。他(她)正看着他的孩子B在沙子中玩。B做了很多愚蠢的事,这简直让A发疯。A尽其所能地保持平静,并教B哪些是恰当的态度。

4)A回到家,他发现家里有个陌生人,就问他是谁,在这里做什么。A怀疑他是强盗。最后A意识到是他走错了楼层,进错了公寓。

5)A和B因电力故障被困在了电梯里。他们等了很长的时间。依然没有人来救援。他们开始恐慌,有一些急迫的需要。该怎样处理?……

7　自尊、自信和坚定

　　自尊是我们在生命中获得任何成就的基础，也是学习的基础。它和自我价值感相伴而来。自我价值感是在爱和认可的滋养下发展起来的。我们在生命开始时获得的来自他人的爱，会使我们渐渐发展出自我接纳和自我认同。

　　儿童需要发展爱自己的能力，需要提升他们对个体价值的意识。要想培养这一点，我们需要为他们建立一个完全支持性的环境，一个认同并欣赏他们的个人价值，让他们感到被接纳和包容的环境。

　　自尊这一主题和很多其他内在平衡的表达形式（如自信、内在安全感、内在力量、自我肯定、自主、热情、积极态度等）有着广泛的联结。无论你怎么命名这些表达形式，它们都是在表达一个人内在的基础，一个人能够联结内在资源的能力。

情商教育将关注发展这种联结的机会,尽可能地关注实操,不会太关心相关理论议题。

这种教育方法的第一步是潜心探索"自信"这一总是存在的内在空间。怎样去识别它?怎样去联结它?(参见活动702～704。)其他方法还包括对成就、个人资源、特质和才能的评估,或者任何可以导向自我欣赏和欣赏他人的活动。

当所有这些被探索和整合之后,儿童或许会准备好探索坚定和果断的品质。在介绍坚定、果断这个主题的活动时,带领者需要澄清顺从、攻击和坚定这些不同性质的行为之间的区别。以下是一些指导原则。

顺从—攻击—坚定

顺从(退缩)是保持安静的,没有反应,没有明确的姿态。主体不情愿地接受,没有能力说"不"。这会导致一个人否定自己的意见和需求。顺从包含诸如奉承、纵容、过度照顾等态度。

攻击是另一个极端,意味着一个强烈的反应,过度反应。它也可能是口头上或者身体上的暴力,这会导致压力和评判(责备、批评)。没有真正地倾听,没有认可他人的感受、需要和要求。这不可避免地会导致冲突或顺从。

坚定是采取清晰的立场,既不攻击也不顺从。它是倾听和尊重他人,在需要时质疑——但是以一种尊重的方式表达不同意见。坚定包含着一种可以表达自己感受、需要和要求的能力,同时也认可别人的立场。坚定包含着质疑、倾听和欣赏。它要求个体有临在的能力,能够与对方保持目光接触,清楚地表达自己的选择和意图。它也包含采取主动的态度,提供更好的交流意见,尽可能地寻找一个双赢的解决方案。

做到坚定意味着坚持你的权利,同时不侵犯他人的权利。你的权利包括:

- 无论别人持何种意见,你都有权利坚持你的价值观、信念、意见和情绪,坚持尊重自己。
- 你有权利表达自己并可以说"不""我不知道""我不明白"。
- 你有权利请求更多的信息和帮助。
- 在完全明白和接受后续影响的情况下,你有权利改变主意、犯错误,甚至有时做出一些不合逻辑的行动。

有关坚定的讨论,可以包含对以下问题的探索:

- 什么可以帮助我发展自尊?

- 什么让我远离让我有力量的内在空间？
- 力量意味着什么？"内心感觉到力量"是什么意思？
- 讨论内在处于有力量状态和无力状态的不同之处。
- 是什么带走了我拥有力量的感觉？

不论是在日常生活中，还是在团体活动中，表达欣赏都是一个有效且富有力量的工具，我们不应忽略它（参见活动706）。对于任何教育者而言，表达欣赏应该是一贯的态度。然而，教育者应注意：必须恰当地表达真诚的欣赏，不应该为一点点成绩就鼓舞喝彩；欣赏也不应该是奉承（参见活动218）。欣赏应该是有标准的、公正的，指出一个具体的品质、进步或成就，可以让当事人通过认同而获益，即使是那些很小的、容易被忽略的闪光点。欣赏可以作为"你能够取得更大进步"的指示，但最重要的是，欣赏应该远远多于批评，无论我们面前的孩子或成年人的处境有多么艰难。作为一个原则，强调正向的进步（无论多小），总是会比关注负面的行为或者错误有更好的结果。

为人赋力显然一直是所有教育者的主要目标。让我们简要回顾发展赋力态度的主要指导原则（参见第一部分）。

给学生赋力的指导原则

1）听到并确认接收到的信息、感受、需要和请求。

2）认可:"这是你的现实,这是可以的(不要评判)"。

3）认可选择:

- 你是你自己现实的100%的创造者。
- 你想要什么?你的选择是什么?
- 无论你做什么,都是你选择去做的。
- 无论你看见什么,都是你选择去看见的。
- 无论你怎么认为、怎么感受,都是你选择去这样认为和感受的。
- 你不是任何人的牺牲品。

4）邀请他们承担全部的责任。

- 你内在的什么部分使你这样看或感受?
- 只是认可这是你自己的创造。
- 是你自己选择要这样感受(看、想)的。
- 你不是一个受害者。

5)充分信任学生们有能力处理和找到解决方案。

- 你可以的,你可以学习。
- 你做的任何事情都是可以的,尽你所能就好。
- 没有失败,只有经历。
- 你可以信任你自己。
- 解决方案在哪里?

6)不要把人认同为他们的行为、态度、想法、感受。如果需要,可以把问题、感受、态度进行外化和象征化,比如用一些外在的对象来代表。

- 你不是你的态度、你的思想、你的感受。
- 让我们把这个想法先放在这里。看着它,跟它说话……

7)提供支持与欣赏,认可他们做出的努力,看到每一个人最优秀的部分。关注哪怕是一点点的进步而不是强调错误和失败。强化进步的部分,弱化失败的部分。

- 太棒了!你已经取得了很大的进展!

活动

活动701　今日之星　　　　　　　　（4岁以上）

即使是很小的成就也会让小朋友感到非常自豪。培养这种自豪和自信的感觉是非常重要的。

准备：黄色卡纸；剪刀；胶水和荧光粉（可选）；纸袋或篮子。用黄色卡纸剪出大的星星并且将小朋友们的名字写上去。一个星星上写一个名字。你可以将荧光粉黏在纸星星上让它看起来更特别。将所有的星星放在一个纸袋或篮子里。

步骤：

1）让所有的孩子坐在地板上。

2）摇动袋子并且拿出其中一颗星星（一天一颗星星）。

3）念出星星上的名字并让这个孩子来到你面前。

4）将这个孩子"介绍"给整个小组，并给他一句赞美的话。例如，"这是麦克，我很喜欢他和别的孩子分享玩具的样子"。

5）让其他的孩子也说一些这个孩子的其他优点和特殊品质，向他致谢，表达对他的欣赏。

6）让这个孩子在这一天都将星星戴在身上。

替代方案：花时间让孩子们赞美彼此。参见其他的赞赏活动（欣赏圆圈）。

活动702　关于自信　　　　　　　　　　（6岁以上）

时间：15～20分钟。

邀请团体成员写下以下问题的答案并在团体中分享。

- "信心"这个词是什么意思？
- 想一件你可以充满信心去做的事情。
- 想一个你会感到更自信并且能够更自信地去做事的地方。
- 想一件你没有信心但希望更为自信地去做的事情。

活动703　想象"信心"　　　　　　　　　（6岁以上）

时间：20～30分钟。

步骤：

1）团体成员坐成一圈。

2）头脑风暴：什么是信心？

3）想象一个能够完美体现信心这一特质的动物——一个充

满自信的动物。甚至可以直接将这个动物称为"信心"。"请你闭上眼睛片刻,想象这个动物就在你面前。这是什么动物?看着它,感受它的存在,它的力量,它的自信。"

4)现在想象自己成为这个叫作"自信"的动物。

"探索你怎么进入这个充满信任和信心的存在状态。你就是这个动物,你就是'自信'。"

"你看起来是怎样的?"

"你有怎样的感受?通过呼吸进入'自信'的感受……"

"你是如何站立的?"

"当你'自信'时,你觉得什么是好的?"

"你生活在哪里?"

"你的朋友都有谁?"

"你最擅长什么?"

"你会发出怎样的声音?你会怎么和其他人交谈?"

"你是怎么行走的?"

5)"现在,你要站起来并且在房子里走动(或者你想站在原地,也可以站在原地,不用走动)……如果你愿意的话,你也可以发出一些'自信'会发出的声音(2分钟)。"

6)"非常好。现在,做回你自己。坐下来并画出来当你变成'自信'时的感受(5~6分钟)。"

7）回到大团体中并分享:"你这次的体验如何？有哪些感受？你学到了什么？"

8）讨论：对自己的信心是一种"内在空间"，它总是在那里，而且你可以随时回到那里。我们可以用一个画面来促使我们进入这个充满信任的空间，但是真正重要的不是这个画面，而是内在空间的稳定性。还有许多进入这个充满信心的内在空间的方式。这些方式是什么呢？有什么能够帮助你找到这个自信的内在空间？

活动704　回忆自信　　　　　　　　　　（6岁以上）

将团体成员分成小组，每组人数不要太多。

你可以参考如下指导语：

"回想一个你感到自信的时刻。那是什么时候？在什么地方？发生了什么事情？你做了什么？你感觉像什么？……"

"这个体验把写下来或者画下来，然后在小组内分享。"

活动705　对自己感觉良好　　　　　　　（6岁以上）

列出一些你可以做的让自己感觉良好的事情。这些是你可以多多使用的工具。

为每一周制作一个表格或一张小海报，在表格上列出各种

"自尊工具",在每种"自尊工具"前画一个方格,在使用过的工具前的方格里打钩。

想象一个给自己的奖励,当你经常使用某个工具令自己感到满意时,用奖励犒劳自己。

举例:列出曾经做得很好的事情的清单;为很好完成的事情奖励自己;每天进行一些放松练习;在课堂上更积极地参与;花时间认真倾听朋友的话;结交新朋友……

活动706 感谢(欣赏)圆圈 (6岁以上)

时间:10~20分钟。

必要时,带领者可以澄清:"欣赏"是任何一种积极而真诚的对于一个人的感谢或祝贺的方式。这是一种简单的应该用心灵去感受的语言,它不应该隐含任何建议或其他评论。它要求人们在说的时候面对面保持目光接触。在和小孩子一起玩时,使用明确的句式会很有帮助,比如"某某,我想谢谢你,因为……",或者"我真的很欣赏你,因为……"。接受欣赏的人除了"谢谢你,某某"以外,不要有额外的回应。

你们也可以进行一场讨论或者头脑风暴来探索以下问题:

- 什么是表扬、欣赏?
- 我们可以对哪些事表达感谢?

- 当我们被人欣赏的时候，会有什么感觉？
- 当我们欣赏别人的时候，会有什么感觉？

步骤：

1）团体成员站成一圈。

2）所有成员绕着圆圈走一圈（可以拿一个"神奇话筒"）。每个人可以在以下三个选项里选一件事情来做。

A. 你可以选一个人并走到他面前，表达感谢或欣赏，然后走回自己的位置。（带领者要邀请孩子们说出对方的名字，比如"某某，我想谢谢你，因为……"，或者"我真的欣赏你的……"，对方不用回答，只需要说"谢谢你，某某"。

B. 你可以对自己表达感谢或欣赏（如果你愿意，也可以让小组一起重复表达这份欣赏）。

C. 轮到下一个人。

替代方案：

1）在一个特殊的场合（例如生日聚会），那个被祝福的人走到圆圈中间，每个人轮流对他表达一句真心的赞赏，比如"我喜欢你的……"，或者"谢谢你，因为……"。

2）行走中的肯定。整个团体安静地在房间里走动，每个人用自豪的态度表达对自己的欣赏。一个人可以邀请团体停下来并且迅速地形成两两一组，用一种姿势来表达对自己的搭档的欣赏或感谢（不需要说话）。

给带领者的提示：

注意要邀请每个孩子看着对方，而不是看着带领者。此外，提醒他们用第一人称对第二人称的方式表达（是"我"对"你"，而不是"他"或"她"）。对于小一点的孩子，从给他们提供清晰而简单的句式开始。如果学生倾向于停留在表层（如"我喜欢你的鞋子"），那么带领者要告诉他们说些"内在的"品质，比如我们能做的事情，我们的技能，我们内在的美好品质……

确保通过大量的练习来"展示"这种感谢或欣赏的技能。

本活动的目的：

- 加强正面的自我评价（不论对于接受欣赏的人而言，还是表达欣赏的人而言）。
- 加强团体里的正能量和彼此的联结。
- 成为强大的提升参与者能量和促使参与者敞开心扉的工具。

活动707 你有什么特殊的才能？　　　　（7岁以上）

时长：约30分钟。

准备：每人一张海报，便利贴，笔。

步骤：

1）两两一组坐下来，决定谁是甲谁是乙。

2）"甲先开始问乙一个问题，乙要探索这个问题。当乙不再说话时，甲要温柔地再次重复同样的问题，邀请B更深入地探索。倾听者不需要回应或用其他方式干预，只需要提供支持性的倾听。同时，甲要写下乙提到的技能或才能。"

带领者要说清楚，这些技能或才能可以是参与者在家或学校擅长的任何事情，可以是他们的一些天赋，并不仅仅是他们会"做"的事情。也可以是态度，比如对自己或者对他人的态度。

　　A：你有什么特殊的能力或才能？

　　B：我有……的才能。（至少探索3分钟。）

3）当两个人都轮流探索过他们的技能或才能后，他们可以将对方的才能写在便利贴上，然后将便利贴贴在对方的海报上。

4）结束后，团体可以花点时间浏览每张海报，让每个人读出他海报上的展示。

5）才能猎人。让每个人继续观察他们自己或者其他同学身上的另外的才能和技能。一整天（甚至可以是一周）的时间，他们都可以继续在自己或他人的海报上贴更多便利贴。

6）应该在这些海报上标注好姓名，还可以用照片或绘画来装饰它们，可能的话，甚至可以将特殊的才能画出来，比如参与者弹奏乐器、运动或者烹饪的画面。

7）分享。在合适的时候，花点儿时间分享这个活动带来的感受和启发。它怎样改变了你们对彼此的看法？怎样改变了团体的氛围？

活动708　一个成功的经验　　　　　　（8岁以上）

两人一组坐下来，彼此进行访谈。邀请对方谈论他曾经获得丰厚回报的经验，做些笔记并报告。十分钟之后交换角色。

然后探索下面的问题：

- 找出你希望谈论的事情、活动或者工作。
- 在那次经历中，你展示了什么样的技能、能力或品质？
- 这些被别人认可了吗？
- 是什么让你感到特别满意？

· 你遇到了什么样的挑战或者困难？

· 你从那次经历中学到了什么？

在大团体中分享。

活动709　越来越高　　　　　　　　（8岁以上）

准备：一段用于背诵的文字，最好是大家都很熟悉的文字。

这个练习是关于从小声（没有情感色彩的声音）说话到用强有力的声音（最高的音量，但不是叫喊）说话的。强有力的声音被恰当地表达出来时，可以是很有力量的。

两个参与者需要记住一个句子（可以由老师来建议）。开始的时候，他们站在一个大空间的中间，彼此靠得很近。他们开始交替地小声低语他们的句子。每说一次之后，他们就往后退一步。每次都要比对方声音大一点，逐渐地加强声音，越来越大声。

注意：最好在一个很大的房间里做这个练习，以便让参与者可以探索他们最有力量的声音。如果房间不够大，可以让他们每次迈一小步。

活动710　三个圆圈　　　　　　　　　　（8岁以上）

准备：一段用于背诵的文字，最好是大家都很熟悉的文字。

一个参与者记住三个句子，坐在团体的前面，与团体保持一定的距离。

带领者介绍三个圆圈的含义：

"第一个圆圈是个人内在的圆圈，在这里，他和自己对话；第二个圆圈是与他人进行私人对话的圆圈；第三个圆圈是一个演讲者或者演员在大庭广众之下（想象是一个巨大的礼堂）讲话的圆圈。这个游戏是用三种不同的声音，用一种团体可以听清和明白的方式，依次说出自己记住的这一段文字。在前两个圆圈内表达时，参与者是坐着的；在第二个圆圈中表达时，他是对着团体中的某一个人说话；在第三个圆圈中表达时，他要站起来讲话。

带领者要求团体成员观察他的身体语言，并且要特别注意眼神。

替代方案（适合更成熟的学生）：

1）邀请整个团体探索下面的问题（并写下来）：

　　·你的最强项是什么？你最自豪的是什么？

- 你曾经从别人那里得到的最好的欣赏是什么?
- 对你现在最有用的、最积极的肯定是什么?

2)沿着圆圈,邀请每一个人用三种不同的方式来表达最有意义的自我肯定(三个圆圈)。

活动711　泥塑　　　　　　　　　　　　　　(8岁以上)

团体成员两两一组(或者团体成员围成两个圆圈,一个里圈,一个外圈。从里圈开始雕塑)。散开来并确定谁是甲、谁是乙。

指导语: "这是一个不说话的游戏,所以在游戏结束之前,大家都要保持安静。现在我要你们扮演各自的角色——甲是雕塑家,乙是用于雕塑的泥土。我要请甲做的是表达一种情绪状态的雕塑。要确保你的雕像的姿势是一种相对舒服的状态,可以不太费力地保持几分钟。你要使雕像整个身体的姿势与你要表达的情绪一致,当然,尤其要注意面部表情。乙只是泥土。乙被雕塑,自己不能采取任何主动的行动,只是让雕塑家根据他们的愿望来工作。好吗?你们有四分钟的时间来完成雕塑。当你们完成后,到房间的中间来。"

当他们完成后,雕塑家们四处参观这座"博物馆"。每一个"雕塑家"轮流介绍他自己的作品,解释他想表达什么。参观完一圈之后,交换角色。

给出一个主题:给"雕塑家"一个具体的主题很重要。甲和乙的可以不同。例如,甲要雕塑出自己没有力量的内在空间,感觉绝望而无助,乙要雕塑他强有力的内在空间,感觉有力量、自信而充满爱……

替代方案:分成四人小组,一个人是雕塑家,三个人扮演泥土。几个人轮流用特定的姿势和身体语言来雕塑三种态度(坚定的、顺从的、攻击的)。三个雕像可以互动,但是要保持静止和不出声。雕像们要注意体会他们被雕塑成的姿态。

讨论:

坚定的身体语言是什么样子的?

- 看着对方的眼睛。
- 身体直立,和他人保持同一水平,平静而自信。没有威胁,没有恐惧。

什么是不恰当的身体态度?

- 两手叉腰或者用手指指着对方,都是攻击的姿势。
- 双臂交叉或者斜靠着都是防御性的或者恐惧的姿势。

活动712　在团体面前讲话　　　　（6岁以上）

邀请团体成员练习在整个班级前面讲话。

"想象（如果可能，可以实践）你在整个学校前面演讲。可能的话，想象你在剧院的包厢里，你不得不大声说话，或者用麦克风说话，你要告诉每个人一些真的很重要的事情。"

讨论：

- 你有什么感受？
- 你什么时候（在什么情况下）在团体前面讲话很难？
- 你什么时候在团体前面讲话很容易？（是什么让它变得容易的？）

活动713　培养感恩之心　　　　（6岁以上）

列出你生命中所有伟大的事情，所有你感激的事情，可以是与你自己有关的（身体特质、技能、天赋），也可以是与你的家庭环境、学校、朋友有关的，与你生活的大环境有关的，与你的国家有关的，与你的安全感和富足状态有关的，等等，与大家分享。

活动714　自信游戏　　　　　　　　（8岁以上）

步骤：

1）在房间中间放一把椅子。甲和乙两个参与者与椅子的距离相等。甲是确实需要座位的（"老弱病残"），乙是年轻人。乙首先跑向座位，看上去没有想要照顾别人的意思，或者看上去没有礼貌。

即兴表演如下场景：

①甲是顺从的；

②甲是有攻击性的；

③甲是坚定而自信的。

2）三个参与者（甲、乙、丙）即兴表演以下内容。

甲在被挤在乙、丙两个人中间；

乙在左侧，不断地重复："我需要你，请你来帮助我。"

丙在右侧，坚持说："我需要和你谈谈，就是现在，请跟我来……"

甲的回应：

①冒进的；

②顺从的；

③坚定而自信的。

3）两个参与者（甲、乙）即兴表演以下内容。

甲："你的衣服太丑了，太过时了！你怎么可以穿这样的衣服呢？你应该穿一件真正品牌的衣服……"

乙的回应：

①有攻击性的；

②顺从的；

③坚定而自信的。

4）四个参与者（甲、乙、丙、丁）在收银台前排队。丁最晚来，但是径直走到收银台前面去，插队到其他人前面，口中一直说着他很着急。

其他三人以不同的方式回应：

甲以攻击的方式回应；

乙以顺从的方式回应；

丙以坚定而自信的方式回应。

活动715　自信测验　　　　　　　　（10岁以上）

写下你对以下问题的回答，并在团体中分享。

1）你会不会有时候买一些你并不需要的东西，仅仅是因为你害怕对销售人员说"不"？　　　　　　　是-不是

2）当你没有听懂别人跟你解释的事情时，你是不是很容易

要求对方重复一遍或者澄清一下？　　　　　　　是-不是

3）当事情变坏时，你会不会觉得自己有责任，即使这不是你的错误？　　　　　　　　　　　　　　　　是-不是

4）当和别人说话时，你会不会直视着他们？　是-不是

5）人们会不会经常要求你大点声说话，这样他们才能听到？　　　　　　　　　　　　　　　　　　　是-不是

6）你是不是倾向于对权威人士感到害怕？　　是-不是

7）你一般有好的身体姿势吗（站得直而不是弯着腰）？
　　　　　　　　　　　　　　　　　　　　　是-不是

8）你会不会经常愤怒得想尖叫，但是并没有？　是-不是

9）你是否知道怎样请求别人的帮助（或者是其他你想要或者需要的东西）而不感到内疚、令人讨厌或者依赖？　是-不是

回答与解释

坚定而自信的人会这样回答：

1）不是；2）是；3）不是；4）是；5）不是；6）不是；7）是；8）不是；9）是。

1）坚定而自信的人不害怕说"不"。他感觉可以自由选择。

2）坚定而自信的人为满足他们自己的需要承担责任。他们不会因为担心看上去很无知而不提出问题。

3）坚定而自信的人为自己的行为承担责任，但是不会为其他人的行为或者不受他控制的情况承担责任。认为自己要为超越自己控制范围的事情承担责任会带来不必要的内疚。

4）直接的眼神交流是坚定、自信和真诚的表达，并且能够表达出对他人倾听的期待。

5）一个坚定而自信的人希望被听见。

6）一个坚定而自信的人不会被权威人士吓倒。

7）好的姿态传达着一个正向的自我形象。如果身体由于残疾而受限，那么坚定而自信的人可以用良好的眼神交流和面部表情来表达一个正向的自我形象。

8）一个坚定而自信的人会努力让他自己的需要被满足，通常不会让事态发展到崩溃的边缘。

9）一个坚定而自信的人能够请求别人的帮助（或者任何他想要的），不会感到害羞或者依赖，因为他有很强的自我价值感和自尊。

活动716　鼓掌　　　　　　　　　　（5岁以上）

时长：约8分钟。

步骤：团体成员站成一圈，一个接一个地轮流走进圆心，接受团体热烈的掌声和欢呼。他们可以鞠躬或跳一段舞。当他们觉得够了的时候，就可以走回自己的位置，下一位继续。

分享团体成员的感受和启发。

给带领者的提示：这个活动可以是一个很好的"结束"一堂课的方式。老师可以喊每个人的名字，就好像这一群人是被邀请去认可课堂中的"参与者"（好像演员一样）展示出来的个人才能的。

活动717　台风来啦！　　　　　　　　（4岁以上）

时间：约30分钟。

目的：自我表达，了解彼此，接纳差异。

人数：12~30人。

准备：一些纸和彩色马克笔。

步骤：

1）每个孩子画一幅画，画出自己和最喜欢的东西在家里的场景。

2）带领者说："一场风暴即将来临。这是一场巨大的台风，每个人都要从家中撤离。剩下的时间只够你带上三样自己喜欢的东西。"

分享：孩子们轮流分享他们带出来的东西以及为什么选择这些东西（带领者可以用一个"神奇话筒"来确保每个人轮

流说）。

还可以参考其他章节的以下活动：

活动210　这就是我

活动215　对我重要的事情

活动317　感到放松

活动405　怎样拥有完美的一天

活动512　"我在这里"

活动903　培养积极的感受

活动1003　我喜欢我的……

活动1005　如果我很有名

活动1006　我希望能成功达成的事情

活动1012　个人成就记录

活动1013　成功的配方

活动1104　在放松中体验自尊

活动1107　胜利的一天

7 自尊、自信和坚定 / 215

8 处理冲突和解决问题

本章节的目的是帮助孩子们识别他们已经具有的解决问题的技能，让他们不仅可以熟练使用这些技能，并且发展出新的技能。

我们之前提到过健康的沟通技能是解决冲突的强有力的基础，这包括倾听技巧、倾听的能力、识别的能力，也包括表达感受、需要和要求，不包括评判、建议和失去自制力。这意味着需要我们使用"我"字句陈述，避免任何语言上的暴力，远离攻击和顺从的态度。

在面对儿童之间的冲突时，教育者去询问儿童自己打算如何解决这个冲突，远比将一个成人的解决方案强加给他们更具有教育性。在一个团体设置的情况下，让团体作为一个整体来寻找解决方案是极为妥当的。分享圈或"合作会议"将是提出议题并探索解决方案的最佳方式。教育者应当只是在观察，并确保学生找到的解决办法是彼此尊重的、积极的，而不是报复和责备。

活动

活动801　一个小问题　　（6岁以上）

回想一个时刻,在那个时刻,你自己解决了一个问题。把事情的经过画下来或者写下来,与大家分享。

活动802　画出问题　　（6岁以上）

想象一下:如果问题可以像一个动物、植物或者任何物体那样被画出来,那么它们看起来会像什么呢?

想一些你的问题,在一张纸上画出来。有一些是小问题,有一些是中等问题,还有一些是大问题。

活动803　看着问题　　（6岁以上）

步骤:

1) 选择一幅图像,代表你的一个问题,并给它取一个名字。

2) 想象你自己成为那幅图像。当你假装自己是那幅图像时,它是什么样子的?你的感觉是怎样的?你是什么颜色的?

你能移动吗？你怎样移动？

3）后来问题好像解决了。想象你愿意发生的一些变化……只是想象……

4）当你准备好的时候，从你的问题图像的角色中走出来，回到现实中来。从这次经历中，你发现了什么？那个问题有你原来认为的那么大吗？

5）再次画出你的问题。现在你对这个问题的了解更深入了。

6）当你准备好的时候，看着你的问题图像，想象你可以跟它对话。你想说什么？你想让它做点什么吗？写下来并分享你们在对话中发生的事情。

活动804　探索对立面　　　　　　　　（8岁以上）

1）选择一个问题，想象它的对立面。它看上去像什么？想象它的颜色，它摸上去是什么感觉？……

画出问题的对立面。

2）如果这个图画在某种程度上展示出你原来那个问题的一个解决方案或者一个答案，这个解决方案可能是什么？

你可以如何在现实生活中实现这个改变？为了实现它，你可以做的第一件小事是什么？

3）写下来：如果我想解决这个问题，我可以_____。

4）想象你真的这样做了。

活动805　智慧书　　　　　　　　　　　　　（6岁以上）

想象你有一本特殊的书。这本书中有很多不同问题的答案，它是专门用来解决问题的。当你跟这本书讲话的时候，它总是会聆听，而且迟早会给你一个答案。

如果你有一个疑问或者是一个需要解决的问题，那么你现在就写下来或者画出来。

然后，闭上你的眼睛，想象你可以请求智慧书来帮你。它会告诉你什么？将它所说的写下来或者画出来。

有时候，答案不是一下子就会出来的，有时候你需要等待几天，然后——当你几乎不抱希望时——你会找到那个答案！

活动806　什么是欺负（打扰、纠缠）？　　（6岁以上）

对别人做某些事情是不太好的，比如扯头发、踢、攻击、说脏话……

思考以下问题：

1）你曾经被欺负过吗？

2）被欺负是什么感觉？你可以想出多少个与感受有关的词

语来描述它?

3)想想一个人欺负另一个人的所有方式。

(比如攻击、殴打、威胁、侮辱、比较、嘲弄、责备、勒索、排斥、拒绝……)

4)为什么人们会欺负别人,是什么让他们这样做的?他们有什么样的需要让他们以这种方式表达出来?

活动807　怎样处理欺负? （6岁以上）

思考以下问题:

1)如果你被欺负了,有什么创造性的方式可以帮助你解决问题,并且让所有人都满意?

2)如果你看到某些人被欺负,你可以做什么来帮忙解决这个问题?

3)你认为你最好不要做的是什么?什么事情只能使事态更严重、更紧张?

活动808　拥有感受 （8岁以上）

将团体分成若干个四人小组(或者找一个小组在团体面前来演示这个练习,其余人观察)。每一个人想出一个别人让他感到很生气的情景,然后每个人轮流分享:

- 描述那个情景。
- 那个人对你做了什么?
- 你有什么感受?
- 你是怎么想的(对于别人的责备,评判)?
- 你是怎样反应的?

在四个人都完成之后,再进行一轮。在这一轮中,每个人回顾刚才提到的事情,并说:"我选择生气。"然后,在小组其他成员的帮助下,每个人找出自己还可以选择什么思考和行为方式(例如忽略、走开、微笑、平静地说"不"等),可以使自己的感受和事情的结果有所不同。在大团体里汇报并讨论。

讨论:你是怎样与别人沟通感受的?我们通常倾向表达思想、意见和评判,而不是感受和情绪本身。因此,维持关系变得很困难。沟通经常变成一个你来我往的防卫战争。要建立和谐的关系,就需要使用"我"字句。当你使用"我"字句时,你谈论的是有关"你"的事情,你的感受、你的需要、你的希望,然后询问对方的感受、需要和请求。

注意:这个练习也可以用来处理特定的冲突情景。

活动809　鼻子侦探　　　　　　　　　　（5岁以上）

目的：让孩子能够通过积极的探索（包括试错以及与同龄人和成年人互动）来发现和解决问题。

准备：带有各种强烈味道的物品（比如精油、酸黄瓜水、香料、香水、花生酱等）；小的有盖子的容器（比如胶卷盒或其他透明的塑料盒）；记号笔或者贴纸；棉花球。

步骤：

1）拿一个棉花球浸在一种带有气味的液体中，然后将它拿出来放在容器里并盖上盖子，在容器的底部写上数字或者贴上有颜色记号的贴纸。

2）将容器并排摆起来，告诉孩子们，他们即将成为"鼻子侦探"，线索都在每个容器里面。

3）让孩子们一个接一个闻每个容器，并猜测里面的味道是什么。

4）揭开谜底，告诉他们那些味道是什么。

5）拿出已经准备好的画着那些味道的代表元素的纸张，让孩子们将正确的容器放在每张画上。

活动810　交朋友　　　　　　　　　　（6岁以上）

思考以下问题：

1）友谊是什么？你是怎样描述友谊的？

2）将你能想到的所有关于友谊的感受的词语写下来。

3）谁是你最好的朋友？为什么他（她）是你最好的朋友？

4）你最喜欢朋友和你一起做什么（或者你最喜欢你们一起做什么）？

5）你不喜欢他（她）做什么？

6）你曾为你的朋友做过的最好的一件事情是什么？

7）你认为交朋友最神奇的秘诀是什么？

8）对交朋友来说，什么是最有用的？什么是没用的？

活动811　分享　　　　　　　　　　（6岁以上）

思考以下问题：

1）"分享"这个词是什么意思？

2）当人们把他们的东西分享给你时，你的感受是什么？

3）什么时候你会觉得分享你的东西很困难？

4）什么时候你会觉得分享你的东西很容易？

5）你在分享什么东西时是容易的？

6）你在分享什么东西时是困难的（或者是不可能的）？

活动812　木偶小伙伴　　　　　　　　　（4岁以上）

孩子们需要机会来化解每天玩耍过程中产生的矛盾和冲突，也包括接受一个新加入朋友团体的孩子。学会交朋友对于孩子而言是一项极其重要的技能，可以帮助孩子顺利地成长、建立积极的自我形象以及在学校里拥有较好的学业成就。

准备：毛线；纸盘子；大白纸；胶水；蜡笔和马克笔；压舌板或冰棒棍儿；贴纸。

步骤：

1）给每个参与者提供纸盘子、蜡笔、马克笔、毛线、一个冰棒棍儿和胶水去制作一个木偶。他可以将木偶做得很像他们，比如黑色的眼睛、黑色的头发、戴眼镜，等等。

2）带领者需要想一些经常发生在团体里面的情景，并将它们列在小纸片上。比如，两个孩子为了一个小火车打架，一个孩子对另一个孩子说了难听的话，一个孩子在玩的时候被孤立了，或者一个孩子不说实话。

3）将参与者分成小组，并让他们从帽子里抽出一个纸片（纸片上是带领者写好的情景）。将这个情景读给他们听，鼓励小组里的孩子用他们的木偶来演示他们会如何化解这个矛盾。

4）欣赏并认可他们表现出来的才能。

活动813　我和其他人　　　　　　（10岁以上）

将团体分成4~5人的小组。这个活动需要每个人先进行写作，然后进行分享和比较。带领者最好为每一个步骤准备一些单页纸（上面有可以填写的表格）。

以下是为每一步给出的指导。

1）表格Ⅰ　自我觉知

独自根据第一感觉填写：

现在我是怎么看我自己的（主要的性格特征、品质、态度和技能等）：

_____

如果我是一个动物，我会是_____

如果我是一株植物，我会是_____

如果我是一个物体，我会是_____

十到二十年之后，我看到我成为_____

2）表格Ⅱ　我对其他人的看法

每个小组成员填写：

我是怎么看他的（主要的性格特征）：

_____

如果他是一个动物,他会是＿＿＿＿＿＿＿＿＿＿＿＿＿＿＿

如果他是一株植物,他会是＿＿＿＿＿＿＿＿＿＿＿＿＿＿＿

如果他是一个物体,他会是＿＿＿＿＿＿＿＿＿＿＿＿＿＿＿

十到二十年之后,我想象他成为＿＿＿＿＿＿＿＿＿＿＿＿

3)表格Ⅲ 别人是怎么看我的

每一个小组成员填写:

我认为他是怎么看我的(品质、态度、技能等):

＿＿＿＿＿＿＿＿＿＿＿＿＿＿＿＿＿＿＿＿＿＿＿＿＿＿

他们用什么动物与我关联:＿＿＿＿＿＿＿＿＿＿＿＿＿

他们用什么植物与我关联:＿＿＿＿＿＿＿＿＿＿＿＿＿

他们用什么物体与我关联:＿＿＿＿＿＿＿＿＿＿＿＿＿

他们用怎样的未来与我关联:＿＿＿＿＿＿＿＿＿＿＿＿

4)在小组内分享

每个参与者与小组成员陆续分享自己的三张表格。

注意:带领者也可以让小组在每完成一张表格之后就分享,一步一步地来。

5)表格Ⅳ 自我评估

书写并探索下面的问题(或者填写在表格里):

- 你是怎样评估你的自我认知的?
- 别人报告的你的哪些方面和你的自我认知是匹

配的？

- 你的哪些特质是没有被别人认知到的？为什么？
- 被报告的你个性中的哪几个方面对你来说是陌生的，别人看得到而你看不到？
- 不同的小组成员有没有使用不同的或者相近的词汇？
- 你对别人的观察与团体成员对这个人的观察相比有何不同？
- 你对别人的认识有多广泛或多狭隘？它是平衡的、完整的，还是不完整的、只注意到了一个（或者几个）方面？
- 当你评估别人的时候，你有什么感受？你能够给别人提供价值吗？你能够与别人建设性地沟通一些关键点吗？
- 你使用了评判、批评、冒犯的形容词吗？

6）回到大团体中进行讨论。

- 你从这个活动中学到了什么？你从自我评估中可以分享些什么？

活动814　解决冲突　　　　　　　　（12岁以上）

将团体分成3~5人的小组。让团体成员就以下问题写出自己的回答。

1）回想曾经困扰你的一个冲突情境（无论是在学校、家里或者其他社交场所，还是在更大的环境中，只要是那些让你感到直接卷入的，很容易感到不愉快、生气和有压力的事情就可以）。

2）识别你对这个问题的感受（你的情绪反应）。

识别你对这个问题的认识（评判，意见）。

识别你对这个问题的看法（是什么让它成为问题？）。

3）如果这个问题不再是问题，情况会变得如何？

你会看到什么？

你会怎么想？

你会感受到什么？

或者思考以下问题：

有没有这样的时刻，这个问题没有呈现？

什么时候你看不到或者不认为这是一个问题？

这之间有什么不同？

4）在当时的情境下，你的需要是什么？

5）你可以提出什么请求？（没有压力的、开放的、可商量的、积极的、现实的。）

6）你能听到并认可多少来自别人的信息？

7）找出一个双赢的方案。你可以怎样改变一下，以不同的思维方式或者不同的行为来帮助你解决这个问题？

8）什么时候或者你怎样会知道这个问题被成功地解决了？

在小组中轮流分享。

在大团体中汇报你在这个关于问题解决策略的思考过程中学到了什么。

活动815　方案盒　　　　　　　　　　（6岁以上）

邀请每个孩子制作一个盒子或者口袋，用来收集各种问题的解决方案的卡片。当他们需要的时候，他们就可以从这些卡片里找到解决方案。

解决方案可以包含：去一个特殊的（安静的）地方；和特定的人联系；吃某一种食物；阅读、唱歌，或者做任何感觉上有帮助的事情。他们还可以写一些肯定的自我确认，比如积极的想法、提示、态度、可以说的话，等等（可参考活动807）。

活动816　自我评价表　　　　　　　　　（9岁以上）

当一个学生的所作所为需要纪律进行约束或者被施加一些惩罚时，老师可以邀请这个学生填写一张自我评价表。

这个表格要求学生回答下面的这些问题：

1）发生了什么？你的态度是怎样的？

2）你对这个事件有怎样的感受？

3）你计划做些什么来避免再次发生同样的事情？

4）你觉得你应该承受什么样的惩罚？

5）你提议自己做些什么样的工作（对大众或集体有益的）来作为补偿？

第5点只有在老师觉得补偿工作确实是合适的时候，才可以应用。

如果需要，老师可以要求学生把表格拿回去让父母签字。

活动817　面对冲突　　　　　　　　　　（9岁以上）

当两个孩子发生冲突时，教育者可以采用下面的一种或几种处理方式：

1）角色交换。让冲突双方在团体面前角色扮演另一方。教育者需要确保任何错误的表现都会被纠正过来。邀请团体其他人给予反馈和修改建议。

2）**冲突仪式化**。通过象征性的侵犯方式将冲突重新表现出来，例如互相对喊"是—不是"（双方不能有任何身体接触，一个人喊"是"，另一个人喊"不是"），或者双方一边对喊一边背对背互相推挤（两个人背对背，身体其他部位不接触，他们可以交替地推对方，同时喊"是"和"不是"）。然后邀请两人体验他们的感受，呼吸并回到自身，放下头脑中的思考。然后可以邀请他们互相对视，并进行另一个练习，比如"你看到了什么"或者"笑瑜伽"。

3）**交换想法**。邀请冲突双方表达"我认为你是怎样想我的"。

4）**重复**。每一个人重复另一个人之前所说的，直至达到令对方满意的程度为止。

活动818　给出清楚的信息　（6岁以上）

时长：约40分钟。

当我们和某人有矛盾时，会感到受伤、不认同或生气，这时，知道如何去沟通是很重要的。

1）你感受到什么（简单地说出来）：我感到……（当你……时）

2）你需要什么：我需要……（当你……时）

3）你的要求是什么：请问你可不可以……

4）然后你可以加上：你能明白我在说什么吗？

当我们扮演两个有冲突的人（A和B）时，A要陈述一个清楚的信息，B要复述这条信息：

1）感受：你感到……（当我……时）

2）需求：你需要……

3）要求：你希望我……（你在要求我……）

4）然后：是的，我听见你在说什么。

当两人完成以上练习后，两个人都能找到一个比吵架更有创造性的解决方案（一个双赢的方案）。

接下来带领者可以邀请团体成员进行练习。

可以先找几位志愿者一起演示一遍，然后（如果参与者足够成熟的话）在三人小组里练习。

演示的步骤如下：

1）找三个志愿者。找到或设定A和B之间的一个适当的冲突（例如"A没经过B的同意就借走了B的笔。B很生气并且对A说了些难听的话。A回手打了B……"）。志愿者C扮演老师，他要调停并且让A和B进行练习。

2）角色扮演。A和B演出当时的场景。C来调停，让两个人（A先开始）正确地传达信息。

A表达：

- 我感到……（当你……时）
- 我需要……（当你……时）
- 请问你可不可以……
- 你能明白我在说什么吗？

B复述：

- 你感到……（当我……时）
- （当我……时）你需要……
- 你希望我……（你在要求我……）
- 是的，我听见你在说什么。

当A和B都进行了正确的表达以后，C（老师）要问他们："你们可以找到什么样的解决方案？你们要怎么做？"

花一点儿时间去讨论这个练习，并且让其他团体成员分享他们的观察。

带领者还可以邀请更多志愿者到团体前面表演。或者让参与者在三人小组里练习（如果合适的话）。每个小组找一个冲突，确定谁是A，谁是B，谁是C，C要保证练习能够顺利进行，并且邀请其他两人找出解决方案。

分享与讨论：邀请参与者分享他们在练习中的感受，以及他们学到了什么，有什么启发。

提示：如果你和低于8岁的孩子一起工作，那么你可以简化指令，不需要让他们去识别需求和要求，只要表达感受就足够了。

一个人表达：

- 当你……时，我感到……，你能够理解吗？

另一个人被邀请回应：

- 当我……时，你感到……，我能够理解。

然后表达方和回应方交换角色。

老师需要询问：你想说的都已经说了吗？还有其他想要表达、想要做或者想要问的吗？

当你和青少年工作时，他们在表达感受方面可能会更加困难，如果他们没有接受过这种培训，那么没必要去强求。你可以跳过感受的部分，仅仅让他们表达需求和要求，这也可以让他们更好地找到或协商出一个双赢的解决办法。

9 积极思维和消极思维

重塑信念模式

"积极思维"这个主题众所周知,但大部分人并没有很好地实践它。能够对一个人的思维模式(包括我们向外在世界和内在世界发出的消息)有所觉知并掌控它,是我们生活中的一个基本技能,不能被低估了。思维模式深刻地影响着我们的生活与幸福感,因此,教授孩子们一些思维控制的基本技能是情商教育中很重要的部分。

我们都知道我们偶尔会陷在消极思维中,并且都知道这会毒害我们的生命。因此我们需要发展一些技巧来帮助我们从这些消极思维模式中走出来。当然,孩子们需要学会识别这些不同的态度,并且学习如何做出这些深刻影响并构成我们生命的选择。

这一章节的活动可能不适合非常小的孩子（4~8岁），但是即使是对这样年幼的儿童，逐渐地培养他们对思维模式的觉知，并邀请他们进入新的、更积极的视角，对他们也是很有帮助的。

我们从回顾一些简单的基本原则开始[①]。

消极思维	积极思维
问题导向	办法导向
确认困难	确认可能性
瓶子一半是空的	瓶子一半是满的
我（你，他）不能	我（你，他）能
表达恐惧	表达信任与自信
提供限制条件	提供更大范围
无力	赋力
沮丧、抑郁	愉悦、有创造性的

你需要知道"积极"并不意味着你否认、忽略或者轻视困难和感受，它意味着你识别出它们并把抓住它们作为成长和转

[①] 更多相关内容，请参见《由心咨询》和《情商教练手册》。

变局限模式的机会。

这里有一些方法可以帮助你把消极的自我对话转换成积极的自我对话。

消极的自我对话	积极的自我对话
我总是犯这个错误。	怎么确保我下次能做对?
我犯了一个愚蠢的错误。	我能从中学习到什么,从而确保不会有下次?
我永远不可能会那个。	如果我坚持下来,我就能学会一个新技能。
你不符合这项任务的要求。	你有做这件事情的潜力,只是需要一点时间。
我以前从来没有做过。	这对我来说是一个学习新东西的机会。
这太复杂了。	我怎么能够简化一下这个?
我没有需要的资源。	哪里可以得到那些资源?
时间不够了。	我可以怎样安排出时间?
这不可能有用。	我可以试试让它有用。
我没有经验。	我认识一些可以帮助我

这已经很好了。

没有人告诉我任何事情。

的人。

我可以怎样做得更好？

我可以跟谁讲？

发展积极自我对话的技巧

1）改述。如果你的学生或孩子说了一些消极的事情，比如"我永远不可能……"，那么你可以鼓励他们改述观点，比如"我希望能发展那项新技能……"。

2）做一个好的榜样。在自己身上使用这些技术，亲身实践你所教授的那些内容。

3）让你的学生或孩子针对一个使他们感到不乐观的情景，想出一个或几个积极的理由或结果。

4）问你的学生或孩子，他们可以做些什么使情况好转。

介绍积极的自我确认

积极的自我确认是：

▶ 有力量的词语。它可以使你感觉有力量和自信。

▶ 积极的。表达一个充满资源的观点，确认它的可能性，明确清晰的选择（我可以、我愿意、我选择、我是、我可以学……）。避免确认消极的内容（我不能、我不会……），因为这些仅仅在强调与某些东西的对抗。还要避免"我会试一下"这种很弱的意愿的表达，它为"失败"的可能性敞开了大门。

▶ "我"字陈述句。自我确认的语句是关于这个人自己的，如果自我确认的语句是与别人有关的，那是不起作用的。

▶ 发出一个具有创造性的指令（你的整个生命都会对此做出回应）。

▶ 表达现在的（不是未来的）事。

▶ 确认一些事情"是什么"（不是愿望、希望、可能……）。

▶ 赋予清晰的意愿（真正的个人承诺）。

▶ 应该定期地重复这些话。

活动

活动901　悲观主义者—乐观主义者的故事讲述
（8岁以上）

1）团体围圈而坐。参与者即兴编一个故事。每个人轮流用几分钟的时间讲述，总是想象最坏的结局。当带领者拍手时，讲故事的人必须换成下一个人，他继续同一个故事，从上一个人结束的地方开始。故事没有提纲，故事情节的发展根据每一个人的想象力展开。唯一的要求是：总是想象事情向着最坏的可能性发展！

注意：参与者要聚精会神，专心致志，保持故事有一定的连续性。

2）当所有人都讲过一轮后，再一次做这个练习。这一次是一步步想象最好的结局。再次按照圆圈的顺序进行，带领者拍手的时候转换到下一个人。

活动902　优势和劣势
（8岁以上）

1）把一张大纸分成三栏。第一栏是你的优势清单，列出你的积极品质、你擅长做的事情、你喜欢的自己的部分，或者你的成就、你引以为豪的事情。

2）在第二栏，列出你知道的你可以改进的部分，包含你可能认为是你的弱点的部分，你的坏习惯，甚至是你失败的地方，你不喜欢自己的那部分。

3）在第三栏，写下你希望能发展的品质和技能，你的目标和愿望。

注意：还不会写字的孩子在这个活动中也可以用口头表达的方式进行分享。

分享（可在第一步完成之后给出指导）：分享你的清单（可能的话，先在一个小组内分享），比较一下不同的栏，它们长度相同吗？哪一栏是最长的？你是不是倾向于强调你的优势并弱化你的劣势？还是相反？从这个活动中你可以学到什么？

讨论：当你进入"优势"视角，完全认同这些特质时，你有什么感受？学习怎样仅仅通过认可你的优势来进入那个富有力量的内在空间。当你进入"劣势"视角的时候，你有什么感受？你能够把它们看作你发展新技能的机会和领域吗？不需要责备或者评判你自己。每一个人都有需要发展的领域，就如同每个人都有自己的优势一样。

建议：不断更新你的这份清单，增加新的项目。

活动903　培养积极的感受　　　　　　　（8岁以上）

1）想出一个你最想拥有或者发展的特质或强项。

2）想出一个榜样——一个拥有并呈现了这种特质的人。

3）闭上你的眼睛，想象你就是那个人。花一点儿时间来进入你的想象……成为那个人有什么样的感觉？拥有那个特质有什么样的感觉？进入这些感受……呼吸进入它们……让它们成为你的。确认这些感受是你的。"我是……，我拥有……"

4）分享。

活动904　完美的一天　　　　　　　　　（6岁以上）

1）想象你正拥有最完美的一天，描述或者画出来发生了什么。描述你做了什么，有什么感觉。

2）列出一个能让你拥有完美一天所需要的要素清单，包括内在的和外在的条件。

3）分享。

活动905　把"因为……"改成"感谢……"
　　　　　　　　　　　　　　　　　　　　　（8岁以上）

1）回想一个你生活中令你感到不开心的情景，你也可以把它写下来。对你来说,可能有一些事情很困难。你可能会认为有些事情会出现负面的结果,你可能会想"因为……,我不能……(做或者成为什么)",或者"我不得不……(做什么或者成为什么)"。例如,"因为我出生在一个贫困的家庭,我不能坐车去上学",或者"因为我出生在一个贫困的家庭,我不得不走很长的路去上学"。能理解吗?就是找出一个负面的情景进行描述,只是简单地陈述就可以。我不需要一个完整的故事。有问题吗?开始。(几分钟之后,依次看一下学生们的陈述。)

2)现在,我想让你再次陈述相同的事情,不过这次用"感谢……"来开头,并引出一个积极的结果。"感谢那个情况……我可以……"。例如,"感谢我出生在一个贫困的家庭,我可以和祖父母住在一起,并受益于他们的关爱"。这是让我们看到积极的一面,识别出一个积极的结果。好吗?开始吧。(几分钟之后,依次看一下学生们的例子。)

3)讨论:感受这两种视角的差异。当你以负面的方式描述时,你会感到消极无力,不快乐。当你以正向的方式描述时,你感到积极。这非常不同!所有事情都有消极和积极的一面。一件事对你而言是消极的还是积极的,取决于你怎样看待它。从积极的一面去看会更好,因为这会赋予你力量,让你感到有能量和自信。

・你可以给出一些由于负面信念模式导致你感觉自己更悲惨和无力的例子吗？

・你能给出一些由于积极的信念模式（或自我确认），使你更快乐、自信和成功的例子吗？（参见本章介绍部分。）

活动906　犯错误　　　　　　　　　（8岁以上）

1）你过去有没有犯过错误，后悔做了某事，或者做了令自己感到羞愧的事？回想一些你犯过的明显的错误，或者经历过的失败。

2）你感觉哪里出错了？识别出里面的评判和相关的负面信念模式。

3）识别出你从中获得或学到了什么。

4）分享并讨论：任何经历都只是经验。失败的观点只存在于你的思维中，它暗含着评判。没有失败，只有经历。即使你已经给别人带来了痛苦和伤害，你的悔恨也只是一种爱的表达。这也是学习，是一个礼物。

活动907　识别负面的信念　　　　　（9岁以上）

准备一系列符合参与者年龄特征的负面信念的陈述卡片，让参与者识别出语句中存在的负面信念模式。

活动908　积极的自我确认　　　　　（9岁以上）

准备一系列符合参与者年龄特征的负面信念的陈述卡片，请参与者把这些负面的信念改述为积极的自我确认。

活动909　重塑信念模式　　　　　　（9岁以上）

1）把一张纸分成两栏。

2）在纸的左边列出你局限性的信念模式。

　　·你不喜欢自己的哪些地方？

　　·你会抱怨什么？什么事情会激怒你或者让你不高兴？

　　·你在什么事情上总是遭遇挫折？你的失败模式是怎样的？你的恐惧呢？你的怀疑呢？

　　·你认为自己做不了什么事情？你认为自己在什么事情上不能获得成功？

3）识别这些陈述是你局限性的信念模式。它们并不是

"真"的,它们只是你自身的怀疑和恐惧的一种表达,并且一定有一些时候,你并不那么认为。

4)现在,想象一个完美的充满爱的父亲或母亲,一个爱你并完全支持你的人,一个没有恐惧,只有信任和自信的人。这个人会怎么看待这些陈述?

5)在纸的右边,紧挨着你的负面陈述,写下更可取的信念——打开新的可能性的积极的自我确认,具有支持性的也更有效的自我确认。

6)想象自己与这些积极的描述产生联结,确认、感受并观想它们,把力量带入其中,寻找自己真正的意愿。

7)分享你的体验。

活动910　混合卡片　　　　　　　　(9岁以上)

带领者邀请每一个参与者在卡片上写一件他们所想到的与自己有关的负面的事情。把这些卡片混合然后重新分配,确保没有人拿到他自己的卡片。让每一个人在他收到的卡片上给出一个积极的确认。

活动911　笑瑜伽　　　　　　　　　(9岁以上)

两人一组。A和B面对面坐着。A开始刻意地大笑,坚持几分钟，然后真正地开始大笑。当笑不出来时，他再回到刻意大笑，直到真正的笑声再次出现，如此继续下去。这就是"笑瑜伽"。B与A保持目光接触，可以自由地笑。5~6分钟之后，两个人交换，B做笑瑜伽，A自由地笑。

活动912　身边的新鲜事和好事　　　（8岁以上）

带领者要求参与者轮流讲出一件最近发生的对他们而言有积极意义的事情。这些事情不一定是很重要的事。它可以是任何让他们感到快乐的事情，比如食物、鲜花、微笑或阳光等，也可以是任何重要的事情。

还可以参考其他章节的以下活动：

活动705　对自己感觉良好

活动706　感谢（欣赏）圆圈

活动708　一个成功的经验

活动713　培养感恩之心

10　我知道想要什么：设定目标

设定现实且有挑战性的目标的能力，是另一个重要却经常被低估的技能。知道我们想要什么并做出明确的选择，可以让我们有控制感，引领我们感受更高的自尊，继而获得更高的成就。

当面临一些具体的挑战、学习过程或者任务时，教育者可以帮助孩子探索的问题是："你真正想要的是什么？你想去哪里？你想要达到什么目标？你打算怎么做？"

我们必须记住，在教育过程中，最能赋予人力量的指导原则是：认可选择本身！施压不会有效果，奖励或者其他刺激也不会真正起作用，只有自由的选择可以激励孩子，为他们赋予力量。因此，尽可能让孩子识别出他们的选择，澄清他们的目标，让他们有选择感——对自己想要做的以及想怎样去做有自主选择的感觉。

显然，我们应该记住我们这里谈论的是个人的选择，也就是他们选择怎样看待事情，选择怎样理解事情，选择如何行事，当然还有他们在生活中选择采取什么行动。不论怎样，我们在这里说的都不是我们应该让孩子决定所有的事情，也不是鼓励他们只做自己喜欢的事情，或是只跟随他们自己的愿望行事，而从不考虑他人或者环境已有的节律。在个人和集体目标之间，在自由和界限之间，应该有一个平衡。这一点不论对学校还是家庭、社会而言，都适用。

这个主题与我们之前已经看到的"责任"主题紧密相关。回顾我们在"责任"主题下探索的内容，或者连续探索这两个主题也许比较恰当，这样可以使这两个主题明显地衔接起来。只有在一个人已经发展出目标意识、自主意识、自我管理和自我负责的意识时，他才有可能发展设定目标的能力。

一些识别目标的指导原则

1）通过邀请孩子们想象他们想要怎样的未来，帮助孩子们识别他们的梦想和愿望。这反过来会依次帮助他们识别出变化、进展或者他们需要的新技能。

2）有效的想象力练习，可以使他们从感觉上和行为上都好像已经达到了自己想要的结果。

3）一旦识别出了某个目标，要确保它仅指向一些积极的事情，是可以实现的。确保孩子们知道他们实际上该怎么做。

4）核查孩子们关于目标的信念模式。他们是否相信目标是可以实现的？如果不是，如果他们对目标存有疑问，帮助他们改述目标，直到他们可以锚定积极的自我确认。

发展动机的十种方法

1）通过允许他们做选择来赋予他们力量；鼓励他们自己设定目标、自我发现。

2）帮助他们识别目标。

3）帮助他们识别资源、技能和观察。

4）认可他们的进步，支持并欣赏他们，为他们取得的成功庆祝。

5）要求他们对自己的工作进行自我评价（在0~10分之间进行评价，这样可以看到进展）。

6）让他们感到享受、放松，找到乐趣，没有压力。

7）解释做这些事情的目的（长期目标和收益）。

8）认可不同的学习风格和节奏。

9）提供各种方法，包括非传统的方法（比如启用视觉、听觉、动觉的方法，比如运动、身体语言、场景变更、音乐环境等）。

10）支持团体进程、团体动力和小组工作，为他们提供一个相互尊重和整合的环境。

可以和孩子们一起探索的问题

1）为什么一个人想要改变？

2）是什么让改变变得容易或者困难？

3）我们可以做些什么来帮助自己不断改变？

4）什么样的奖励是我们最喜欢的？当我们达成目标时，我们可以要求这些奖励吗？

活动

活动1001　洗车（可合并颁奖台）　　（6岁以上）

指导语：

"大家面对面站成两行，一行与另一行之间保持约一臂（大约80厘米）的距离，每一行的同学肩挨着肩。这是一个洗车机。你的手要按照客户的指示移动，或者很慢很温柔地轻抚，或者较有力地触摸、擦洗、拍打……但是决不能弄坏'汽车'！要小心，要有礼貌。汽车（如果信任度高的话，可以蒙上眼睛）完全信任这台机器，而洗车机要完全按照汽车提出的需求洗车。

"现在，站在这一端末尾处的每个人依次准备在洗车道中通过。你要非常清楚地宣布你是哪种车、目前的车况如何、你需要什么样的服务。例如，'我是一辆新型奔驰，我只需要轻轻地把车身擦亮就可以了'，或者'我是一辆生锈的旧大众汽车，我需要全方位、彻底的清洗'。然后，汽车以它想要的速度在洗车道上移动。你可以10秒钟就穿过洗车道，或者在那里快乐地停留3分钟，这完全取决于你自己。但是你不能掉头向后走。这台机器会很小心地回应你表达出来的需要,好吗?

"当你通过后,再回到两边的队伍的末尾,下一个人开始通过。如果你戴眼镜,你可以在通过洗车通道前把它交给我。还有什么问题吗?"

可选活动:颁奖台。当扮演汽车的参与者抵达终点之后,他可以站在一个椅子上,就好像他达到了一个最高成就。大家为他欢呼、鼓掌……

讨论:你在这个游戏中有什么体验?你的感觉是什么?

活动1002　做出一个改变　　（6岁以上）

想象有一个魔法师可以帮你改变一些有关你的事情。

1）你想改变什么?

2）闭上你的眼睛,想象那个改变已经发生。会有怎样的不同?你的感觉如何?如果这个变化真的发生了,接下来会发生什么?

活动1003　我喜欢我的……　　（6岁以上）

你的哪些方面是你真的很喜欢而不愿意去改变的?

活动1004　我所敬佩的别人的事情　　（6岁以上）

你敬佩谁?为什么?你敬佩他身上的什么特质?

你希望自己发展什么特质或者技能？

你认为自己可以从什么地方做起？

注意：对于大一些的孩子，可以请他们先写下来再分享。

活动1005　如果我很有名　　　　　　（6岁以上）

列出你希望被整个世界认可并因此而著名的一些独特的技能和成就。

我希望我在这些方面很有名：_____。

活动1006　我希望能成功达成的事情　　（6岁以上）

思考，想象，列出你希望在今年能够取得的成就：

_____。

思考，想象，列出你希望在今年能够取得的成就：

_____。

活动1007　变化商店　　　　　　　　（6岁以上）

本活动从邀请孩子探索他们喜欢自身的特质开始，然后探索他们不太喜欢的特质，然后是他们羡慕其他人的特质，也就是那些他们也希望拥有的他人的特质。

引导活动：

闭上你的眼睛。想象一个商店。这是一个你可以购买、出售、交换有关你自己的某些特质的商店。这个商店巨大无比，它拥有任何你可能想到的东西，而且是免费的。用一点时间想象一个崭新的你。他（她）充满力量，优秀无比。他（她）拥有任何你能想到的东西，身体特征、各种技能、卓越的能力，等等。

分享与讨论：

1）你会留下什么？

2）你会拿上哪些新的特质和技能？

3）想象当你从这个商店走出来时，你穿戴上了所有新的特质。这时你会有怎样的感觉？

要知道这就是真正的你。

提示：这个活动适合已经探索过自我身份、优势与劣势、个人变化等主题的儿童。带领者需要强调这个活动并非只是关于愿望的，而是帮助我们联结内在力量空间的。这个内在空间是真实的，它一直在那里。这个想象活动只是帮助儿童联结和锚定于其中的一种方式。

活动1008　目标海报　　　　　　　　（8岁以上）

做一张表或者海报，列出你的目标，每个目标占一行。在每一行的旁边，画一个小格子，当你达到这个目标时你可以勾选。

☐_____
☐_____

活动1009　达成目标　　　　　　　　（8岁以上）

1）写下一件你非常希望自己能够做到的事情，或者一件你希望能够拥有的东西，或者一个你希望成为的人。

2）写下你认为要实现这个目标所需要的步骤。

3）想象你在未来的某个时刻已经达到了这个目标。你会有怎样的感受？花一点儿时间在你的想象里真正地体验这种感受。观想所有细节：你已经完全实现了自己的目标，你感觉很棒……

4）将你的感觉和想象写下来并分享。

活动1010　目标记录表　　　　　　　　（8岁以上）

为每一个目标准备一张表格。写出以下内容：

・我的目标是……

・当……时，我会努力去做。

・已经发生的事情有……

・我将要努力做的下一件事情是……

活动1011　"改变"游戏　　　　　（4岁以上）

邀请学生从家里带来一些装饰用的小道具或小物品。让他们试着去改变自己，探索不同的发型、服装，不同寻常的颜色，坐在不同的地方。探索他们以这样的方式生活一天或者半天有什么样的感受……

邀请他们分享关于习惯和变化的感受和见解。

活动1012　个人成就记录　　　　　（8岁以上）

成就这个词是什么意思？

用一个笔记本（或一个表格、墙上的海报等）来记录你取得的成就。在这个清单的开头，记录下一个或多个你最近取得的成就。你可以给你的成就确定等级，用一到五颗小星星来表示，五颗星表示最大的成就）。当你的清单或海报写满时，或者当星星的数量已经达到某个数字时，你可以选择或者得到一个奖励。

活动1013　成功的配方　　　　　（8岁以上）

邀请整个团体进行头脑风暴，收集尽可能多的成功达到设定的目标所需要的条件。带领者也可以邀请团体头脑风暴那些阻碍成功的事情。可以将这些内容列在两栏里，左边一栏是阻碍，右边一栏是帮助。

邀请每一个参与者来识别什么对他来说是最有用的，并制作出他自己的列表。列表以"如果……我将会成功"开头。

活动1014　需要发展的技能　　　　　（9岁以上）

邀请参与者从下面的技能里面勾选一些，作为下个月或下个季度需要关注的个人目标。

个人技能

- 记日记
- 只是观察，而不解释
- 识别和欢迎我的感受
- 承认我的需要
- 练习积极的思维
- 发展积极的态度
- 发展信任
- 承担责任
- 放下评判
- 放下恐惧
- 练习积极的自我确认
- 关注解决方案而非问题

- 强化我的意愿
- 澄清我的目标
- 观想成功
- 练习放松
- 练习有意识地呼吸
- 其他：

沟通技能

- 练习积极地倾听
- 恰当地表达需求（开放的、现实的、积极的……）
- 确认信息的接收
- 反射信息
- 练习开放性的问题
- 使用"我"的信息
- 表达我的感受
- 表达我的需要
- 表达开放的需求
- 练习解决冲突
- 其他：

社交技能

- 更多关注其他人的需求
- 和他人保持目光接触
- 练习提供赞赏
- 练习在分享圈中更积极地参与
- 练习在游戏中更积极地参与
- 更好地临在
- 提供积极的反馈
- 练习做一个照顾者
- 放下压力和权力游戏
- 其他

活动1015　目标混合　　（8岁以上）

带领者要求每个参与者在一张卡片上写下一个个人目标。带领者将这些卡片混合，然后分享给所有参与者（要确保没有人拿到自己的卡片）。然后他们轮流念出自己手中卡片的内容，并说出他认为这个写卡片的人应该怎样达成这个目标，他有些什么好的建议。

活动1016　每日目标设定　　（8岁以上）

轮流分享："我今天想完成什么目标？"

11　引导内在工作：呼吸、放松、观想

内在工作意味着进入"内在"，有意识地管理一个人的内在空间。这要求我们提高觉知，关注发生在我们个人身体、情感和精神层面的事情。这包括使用一些特殊的工具，比如有意识地呼吸、放松和观想，识别身体里的能量和感受，对感受进行工作，进入内在空间，把自己锚定在一个有资源的内在空间。这也被称为"冥想"。

带领儿童开始进行内在工作时，我们显然会使用一些非常简单的工具。这个初始阶段对于情商教育来说是非常重要的。这不仅是教孩子"放松"，而且是提供基本的技巧来帮助一个人识别和管理他的内在环境（或者"内在现实"）。这是教一个人如何为自身的经历负全责，如何进入不同的内在空间、利用不同的内在资源。对于儿童的成长而言，这些都是至关重要的。

内在工作是个人成长和发展的一个基本的部分。毫无疑问，它应该在情商教育中占有一席之地。

练习提示

当作为教育者的你要引导学生进行一项放松练习时，请确保自己在以下三方面做得恰当：

- 声音；
- 语速；
- 间歇或沉默。

你的声音应该清晰而坚定。即使你语速很慢，进而转向更为柔和的语调，你也不需要低声说话。有些人容易混淆缓慢的语速和低声。你需要保持足够的音量以便让听者能够不费力地听到。

你的语速应该比你平常说话时的语速有明显的减慢，以便让身体的节律慢下来，与放松的状态相匹配。语速既不应该过快，也不应该过慢。如果你的语速和你平常讲话一样快，这会让学生们很难从他们的头脑转换到身体（这是我们的目的）。他们就会"听"你讲，而不是去感受一些什么。确保你在说出每个词时都比你平常讲话慢一点（不需要慢很多），找到合适的节奏，对听众的需要保持觉知。

间歇或静默片刻，可以使听者真正进入你提供的体验之中。你的每两句话之间至少应该有差不多的静默时间。就像这样："在头脑里聆听你刚才说话的回声……（一定的静默时间），有时候（尤其是在做观想练习时）需要更长一点时间……（一定的静默时间）。"确保你留出了足够的时间来邀请他们体验你希望他们体验到的。

学生的姿势应该是舒适地坐着，双臂和双腿都打开、平放，脊柱挺直，头略抬起到一个平衡的位置，眼睛闭着。如果他们的姿势不正，比如低着头、斜靠在旁边，那么他们会很难正常地呼吸。站立也是一个可以接受的姿势，但是站立不如坐着舒服。我们通常不建议参与者躺着做这些练习，尽管躺着的姿势也可以被采用，尤其是对那些没有其他选择的人来说，比如病人或残疾人。当参与者躺在地板上时，我们可能需要一些特殊的装备（通常没有提供），而且躺着很容易让参与者睡着，这并不是我们想要的。

对内在工作不太熟悉的人会在被引导时打瞌睡甚至睡着，这是一个很自然的反应。这就是为什么，对于初学者而言，我们建议仅提供较短时间的练习（着重强调高质量的"临在"和注意的练习）。你可以毫不犹豫地给出清晰的提醒和建议："当你这样做的时候，你可以保持清醒，完全地临在，非常清晰地觉察你身体里发生的变化……"

放松活动的指导原则

1）可以在桌子旁或者椅子上进行这些活动。

2）在你邀请参与者闭上眼睛前，你需要解释你将会请他们做怎样的事情。

3）请参与者深深地呼吸，吸入，呼出，保持深呼吸一分钟。放一些轻音乐或者自然的声音作为背景也很不错。

4）开始用缓慢的语速诵读放松练习的指导语，在每个词或者短语之间间隔一点时间。

5）最后，邀请参与者按照他们自己的节奏慢慢地睁开眼睛。确保你用很轻柔的方式叫醒那些或许已经睡着的人。邀请他们伸展一下胳膊，感受他们的身体。

6）邀请他们分享自己的体验。

活动

活动1101　橡胶身体　　　　　　　　　　（4岁以上）

像做瑜伽一样地拉伸和呼吸,可以帮助孩子们放松以及增强身体的柔韧度,也可以帮助孩子们更加专注于自己,发展自我意识以及自控能力。

准备: 轻柔舒缓的音乐。

步骤:

1)播放舒缓的音乐。如果你愿意,你也可以将灯光调暗。

2)找一个宽敞开阔、足够孩子自由移动的空间,让孩子背贴着地面躺下。

3)告诉孩子要深呼吸五次,并且在呼吸时大声数出来。

4)让孩子闭上眼睛并且让身体沉下去,从脚趾开始,然后慢慢移至全身。

5)让孩子慢慢地坐起来,然后将腿像"L"的形状一样摆在面前,脚尖缓慢地向前和向后摆动。

6)让孩子将手臂伸到自己的面前,与地面平行。让孩子假装在开一辆车,并且左右转动"方向盘"。

7）让孩子继续做一些简单的动作和拉伸。让孩子坐着并将脚放在身前，缓慢地收起和放下膝盖，就好像蝴蝶的翅膀一样。让他（她）平趴在地上，肚子贴着地面，轻轻地用胳膊支撑起身体，就像一只海豹一样。

8）邀请孩子站起来，将他（她）的胳膊像一棵树一样伸展开，并且想象它们在风中摇曳。让他（她）躺在地面上，并且用他（她）的脚趾在空中画圆圈。

9）最后，让孩子再次躺下并放松整个身体。让孩子做五次缓慢的深呼吸。

10）游戏结束。

活动1102　简单的身体放松　　　　　　（8岁以上）

你可以参考如下指导语：

"闭上你的眼睛，把注意力集中在你的呼吸上……探索你可以怎样让自己的呼吸更缓慢、更深沉。无须勉强自己，保持舒适的感觉……吸入……呼出……"

"就这样缓慢地呼吸……感受它如何让你放松下来，进入深层的呼吸……"

"现在双手握紧，攥成拳头。就像你的每一只手都握着一个球……紧紧地挤压它……用力握紧……现在，你的肌肉是很紧张的。

"现在,放松……放松你的双手……你的双手感到放松了,感觉你的双手是如何放松的,看看紧张与放松的感觉有怎样的不同……放松练习是一个能让你的整个身体感到放松的方式,就像你的手现在的感觉一样。"

"通过缓慢和深入的呼吸,你可以让你的身体放松下来。想象你的身体就像一个气球,当你吸气时,感受你的胸部和身体两边的扩张,就像一个气球在充气。当你呼气时,想象你的身体就像一个气球在放气,慢慢地收缩。"

"吸气,像一个气球被吹起来……呼气,像气球在放气……"

"用鼻子吸气,想象你的身体像气球一样扩张……现在,让那个气球随着空气涌出而再次变空……连续做几次……"

"记住紧张和放松的区别。收紧你双腿的肌肉,让两条腿紧张起来,紧紧地收缩……再紧一些……"

"现在,放松……让你的双腿非常放松,每一条腿就像绳子一样松软……"

"你的双腿感觉踏实,肌肉非常松弛……"

"现在,收紧你的双臂和肩膀,让肌肉保持绷紧,再紧一点……然后放松。你的双臂和肩膀是放松的,像绳子一样自由松软……"

"体验放松是什么样的感觉。你的双腿和胳膊都是放松的。"

"现在,让你的整个身体都放松下来。看看你可以让你的身体放松到什么程度……放松每一块肌肉……没有一点儿紧张感……"

"你的身体感到很踏实,很放松。"

"随着你的每一次呼吸,你都更进一步地放松……观察你的呼吸是多么平静。吸入……呼出……吸入……呼出……"

"保持呼吸和放松。现在,你只需要安静地放松。"

(暂停片刻)

"观察你有多么平静和放松。放松的感觉很好。"

"现在,放松的时间已经结束,你需要回到这里……你可以再多闭一会儿眼睛,同时唤醒你的身体和意识……你可以动一动你的手指头和脚趾头……动一动你的双臂和双腿……"

"继续保持安静片刻,在你准备好的时候,睁开眼睛,伸展一下……"

活动1103　针对儿童的呼吸放松练习　（8岁以上）

让孩子保持站立姿势。

你可以参考如下指导语：

"让你的身体放松。双臂向上，举过头顶，伸展双臂……伸展你的身体，让它尽可能地高……现在让你的双臂放松，放在身体两侧，松弛下来……"

"再做一次。这一次，当你上举的时候，吸气，伸展……现在，呼气，放松你的身体，将两臂放在身体两侧。"

"再一次伸展，两臂举起，吸气……放松，放下双臂，呼气。"

"现在坐下，将你的双臂放在身体两侧并放松。"

"观察你是怎样通过缓慢的呼吸放松下来的……深呼吸。吸入……屏住呼吸……现在呼出，缓慢地呼出……吸入……呼出……"

"保持深入而缓慢的呼吸。"

"把一只手放在你的胸部，把另一只手放在你的腹部。感受你的两只手随着你的吸气向上向外移动……随着你的呼气向下向里移动……感受你的双手随着你的胸部和腹部移动，随着每一次呼吸，轻轻地移动……"

（暂停片刻）

"现在，当你注意到你呼吸的方式后，把双手放在身体两侧，放松。"

"想象你的前面有一根蜡烛。当你呼气时，你缓慢地呼出空气，想象你吹出了足够多的空气，能够让蜡烛的火苗摇动又不至于熄灭……你需要非常轻柔地呼气。"

"当你吸气时，想象蜡烛的火苗摇曳，向你的方向倾斜……当你呼气时，火苗向相反的方向倾斜……"

"想象蜡烛的火苗随着你的每一次呼吸来回地摇摆。"

（暂停片刻）

"现在，随着你的呼吸，你可以叹气，然后放松。吸气……呼出时叹气……吸气……叹气……吸气……叹气……"

"现在，放松片刻，感受你身体的放松。你的胳膊和双腿都很松弛、放松。"

"现在你可以想象你的身体像一个气球一样。当你吸气时，气球被充满了，当你呼气时，气球被放空了。让你的双肋扩展到身体的两侧，像一个气球一样，扩张……然后，空气流出，就像一个瘪了的气球。气球扩张……然后空气流出……"

"现在，看一下你可以怎样缓慢地呼出空气。首先吸气……现在非常缓慢地呼出……再呼出……再呼出……再呼出。当你再也不能呼出任何气体时，再次吸入，然后再非常缓慢地呼出。"

"在接下来的一小段时间里，你只是放松，休息一下。放松的感觉很好，享受这个平静的感觉。"

（暂停片刻）

"现在你可以伸展你的四肢，让你的身体苏醒过来。"

活动1104　在放松中体验自尊　　　　　（8岁以上）

你可以参考如下指导语：

"找一个舒服的姿势。"

"觉察你现在有什么感觉……"

"深深地吸气，再深深地呼气。你可以让自己进入放松状态。"

"轻轻地吸气……当你呼气时，让空气把所有紧张感都带出你的身体。"

"继续缓慢地呼吸，轻柔地呼吸，随着每一次呼吸，你越来越深地放松，越来越深地放松，越来越放松。你感觉宁静、平和。"

"想象一个你感到完全舒适、自在的地方。这可以是一个你去过的最喜欢的地方，也可以是你看到过的什么地方，或者是你完全想象出来的地方。由你决定。想象出这个让你感到幸福和平静的地方的画面。"

"在你的头脑中创造出关于这个地方的一些细节，观想这个地方的风景……声音……气味……想象你的身体会有怎样的感觉。你是舒服的，享受着舒适的温度……享受着平静和放松……或者在那里做着任何你喜欢的活动……"

"享受在这个安全的地方的感受……"

"在这里，你感到平静和安全，你处在平和之中……"

"在这个和平的地方，你可以感受到并说出你的内在。就像这样——"

我是和平。

我如我所是，

一切都很好。

我为自己感到自豪。

我尽我所能做到最好。

我所取得的或者没有取得的都不是那么重要。

我不需要完美。

我不需要和别人比较。

我欣赏自己的优点和特殊的才能。

我知道我可以继续学习并发展新的技能。

我可以享受成长和学习。

我感到自信。

我如我所是，一切都很好。

一切都是完美的。

....

"再一次想象那个和平之地,看到你在享受这个环境的画面,识别和认可你正在体验的一些感受。"

"现在,是时候离开这个特别的地方了。你知道你可以在任何时间在你的想象中回到这里,你在这里感到平静和放松,感到舒适和安全。"

"在你回到现实生活中时,要保持住自尊带给你的这份安全感。"

"我从一数到三,你就可以回到这个房间了,充满活力与力量。"

"一……做一次深呼吸,吸入清净的空气……慢慢地呼出。"

"二……再做一次深呼吸……呼出。"

"三……你感到平静,自信,精神饱满。"

活动1105　变得更欢乐　　（8岁以上）

你可以参考如下指导语:

"找一个舒适的姿势,闭上眼睛,让你的注意力聚焦在外界。关注你周围的声音,就是听你周围所有可以听到的声音……"

(暂停片刻)

"现在,把注意力转向内在……把注意力从周围的事物上转移开,进入你的内在。关注你的身体……觉察你现在有什么感觉。只是呼吸……感受……观察你身体里的感受……"

"感受你的呼吸……觉察你的腹部是怎样随着每一次呼吸上下起伏的……觉察你的呼吸是怎样的流畅、平静和规律的……"

"允许紧张感离开你的身体……放松所有的肌肉……"

(暂停片刻)

"现在,想象一个让你感到开心、有趣的时刻,你完全沉浸在所做的事情中……"

"你在做什么?你有什么感觉?"

"回到这个好玩的时刻,想象所有细节。"

(暂停片刻)

"体验这些开心、愉悦、自由的感觉……"

(暂停片刻)

"这些感觉就像是一个你的内在空间,你的一部分。它一直都在那里……在任何时候,你只要做出选择,就可以和它联结。"

"只要在你内心确认——

我是开心的、愉悦的……

我可以用开心、有趣的方式表现……

我可以是欢乐和幸福的,即使面临压力或者令我担忧的事情……"

(暂停片刻)

"现在,再次关注你的呼吸……注意你每一次的呼吸……感受空气进入你的身体,又出来。"

"现在,关注你有怎样的感觉……扫描一下你的身体,觉察你的身体有何感觉。现在,把你的注意力转向周围的环境……感受你的身体在椅子上的重量……感受在地板上的你的双脚……听到你周围的声音……逐渐地觉知你所在的房间。"

"睁开眼睛,环顾一下四周,对你周围的所有事物和所有人微笑……"

"总是保持欢乐的内在自我……"

"生命就是一场大游戏……"

活动1106　观想练习　　　　　　　　（8岁以上）

在引导团体成员完成身体放松之后，带领者可以这样建议："当我说'安静'的时候，观察头脑中浮现出什么图像……和那个图像待在一起，继续探索它……"

（可选：画出这个地方。）

"现在，我想让你想象一把椅子。只是看着这把椅子，观察它的形状，不论它是什么样子，观察它的颜色……"

（可选：画出这把椅子。）

"现在，想象一个让你感到非常开心的地方（真实的或者是想象中的）。注意这个地方是什么样子。谁在那里？有什么在那里？你有什么感觉？……"

（可选：画出这个地方。）

"现在，我想让你回忆一下你最近的一次早餐。你是在哪里吃的？吃了什么？味道怎样？你有什么感受？还有谁在那里，你们在吃早餐时谈论过什么？……"

（可选：画出这顿早餐。）

活动1107　胜利的一天　　　　　　　（8岁以上）

你可以参考如下指导语：

"闭上眼睛，深呼吸。吸气，然后缓慢地呼出，释放你身体里的紧张感……"

"想象你被叫到舞台上，面对很多人。这是一个特别的仪式，用来庆祝一个非常特别的人取得了一些非凡的成就。这个特别的人就是你！当你踏着台阶走向舞台时，每个人都在鼓掌……每个人都在微笑……每个人都尊重你这个人和你的成就……一个主持人拿着麦克风在谈论你并赞赏你的工作。你走近他，他给你一个特殊的奖品和一张数额巨大的支票……现在，你富有了，出名了……每一个人都在欢呼，非常愉快……你向他们挥手，致谢，对他们微笑……他们都站起来了……他们爱你……你是一个真正的伟大的人……"

"花一些时间来感受那个时刻……"

"为自己感到自豪……感到纯粹的幸福……"

"你感受到了这些人对你的爱，你也非常爱他们……"

"呼吸，进入这种感受……"

活动1108　创造性地表达放松　　（8岁以上）

这个活动引导学生通过素描或者水彩画表达他们的感受。你邀请他们创作两幅抽象的素描或水彩画，可以画在两张纸上或者在一张纸的两面上（如果所用的绘画材料是干的，比如铅笔）。

在每个学生面前放一张纸和一盒彩色铅笔（你也可以针对这个练习提供水彩笔和颜料），然后，朗读或讲述一个能够引起他们情感共鸣的故事……

在你讲完故事之后，邀请学生们坐到桌子边，你可以给出这样的指导语：

"闭上你的眼睛，将注意力集中在你身体的感觉上……"

"或许有些悲伤的情感，或者是生气，或者是恐惧、紧张，或者是任何别的感受……只是敞开自己去面对在那里的任何感觉……呼吸，进入这种感觉……"

"现在，如果这些感觉是有颜色的，会是什么颜色？你怎样看它们？"

"当你准备好了，你就睁开眼睛，选择一种或多种颜色，来代表你的感受……"

"把笔尖放在纸的任何位置，开始移动你的手和胳膊，涂出你的情感……不管这些涂鸦看上去是什么，允许你画的这些线和形状来表达你的感受……不需要想它们代表什么……"

"继续在纸上移动你的铅笔。你可以选择换颜色，或者同时用几种颜色的笔，如果你想要用两只手同时画，也是可以的……继续画，继续用标记、形状和线条来填满这张纸。"

"继续这个练习直到一些感觉已经离开你的身体，或者直到你看到纸上的画已经或多或少让你感觉满意,可以代表你的感受……"

"当你完成的时候,拿起另一张纸(或者把这张纸翻过来)。"

"现在,再次闭上你的眼睛,将注意力集中在呼吸上……深深地吸气……缓慢地呼气……将所有的紧张从身体中释放出来……"

"吸入放松……呼出所有感受,所有紧张……"

"吸入放松……"

"呼出紧张……"

"允许你身体的每一个部分放松下来。想象放松的感觉,它从你的脚底升起,一直到达你的头部。放松你的双脚,感受你的双腿开始变得温暖而踏实。放松你的臀部、腹部、后背、胸部,放松你的双臂和肩膀,放松你的脖子,放松你的脸、你的头。"

"吸入放松……"

"呼出所有不舒服的感觉,所有紧张……"

"现在,在你的头脑中描绘出放松的感觉。如果这种平静是一种颜色,它会是什么颜色?"

"选择一种颜色或者几种颜色来代表此刻的平静。"

"允许你的笔在纸上自由地移动,感受身体中流淌出来的放松的表达，开始以轻柔的节奏移动你的笔，让绘画的笔触和绘画的感觉来表达这种放松。"

"感受所有的紧张都通过铅笔流淌出来，平静、放松的感觉随着铅笔在纸上的每一步移动都流入你的身体，随着你继续画，你越来越放松。"

"自由地画或者随意涂鸦，当你体验到创作带来的放松感时，你可以让你的身体平静地、自由地移动。"

"无论画面看上去怎么样，都无关紧要。只是享受这个过程。"

"吸入放松……"

"将紧张画出来……"

"画出放松……"

"只要你愿意，你就继续画。"

（以小组分享的方式来结束这个活动。可能的话，小组的人数最好少一点。让每一个人展示自己的作品，并就他们表达出来的感受进行一些分享——如果他们愿意的话。确保没有人评论这些画，因为我们创作的目的很明显不是取悦别人或被别人评价。）

还可以参考其他章节的以下活动：

活动515　倾听放松练习

11　引导内在工作：呼吸、放松、观想　/　285

12 合作性态度

发展合作性态度是当今世界最重要的要求之一。我们的世界正在逐渐由一个竞争性世界转向合作性世界。对我们而言，这是很幸运的事。我们人类要生存下去，也只有选择合作，但是在这一点上，我们仍然有很多教育工作需要做。

本书前面的大部分主题和活动都有助于教育孩子们一起合作、彼此接纳、互相尊重、互相欣赏、互相支持。除此之外，还有一些很有用的指导原则以及活动。

指导原则

讨论并澄清成功合作必备的特质是恰当的。那么，高效的团队协作的条件是什么呢？

- **临在**：关注此时此地，避免分心。

- **觉察**：高质量地聆听，听到和看到正在发生什么、每个人正在体验什么。

- **沟通技巧**：倾听，使用清楚明确的信息，使用"我"字陈述句。回顾分享圈规则（参考活动508），该规则这对所有的团体活动都有帮助。

- **责任**：接受自我审视，使用"我"字陈述句，避免评判，避免施压。

- **自信**：有能力采取明确的立场，既不侵犯，也不顺从。

- **承诺**：明确而可信赖地参与。

- **参与**：积极参加。

- **可靠性**：尊重时间设置，设定并坚守协议，信守承诺。

- **彼此支持**：互相帮助，接受彼此的差异与缺陷，明确地相互欣赏，关注彼此积极的方面。

活动

活动1201 合作会议（班级会议）　　（6岁以上）

时间： 20~40分钟。

目的： 通过分享圈的方式邀请团体成员沟通和解决他们的问题和困扰。

介绍： 澄清活动的目标。

这个活动是关于以下几项内容的：1）明确教室里的规则；2）解决课堂问题；3）化解矛盾；4）投票决定团体成员在团体里的角色和任务；5）表达感谢和赞赏。必要时，带领者可以提醒团体成员分享圈的规则以及使用神奇话筒！

步骤：

1）团体成员围坐一圈（在一段时间的学习之后，带领者也可以像其他人一样，变成团体的一员）。

2）明确角色。任命一位聚焦者（主席），一位秘书，一位计时员（可以根据需要添加其他角色）。

3）建立时间表，确定商讨的主题（比如班级里的问题，谁和谁有矛盾等）。

4）提出和化解问题。

5）当矛盾发生时，练习使用"明确的信息"。

6）练习使用"感恩的信息"（感谢）。

7）汇报进展。

8）投票表决（投票给方案A、B还是C？）。

频率：至少一周一次（如果有必要的话，时间可以缩短）。

注意：建议使用互相尊重的、包容的、正面的、有用的、有修复作用的解决方案（避免暴力、报复、批评等）。

活动1202　团体绘画　　　　　　　　（5岁以上）

时间：20~30分钟。

准备：大纸，铅笔，马克笔或颜料。

步骤：

1）将团体分成3~6人的小组。让每个小组的参与者围成一个圆圈，带领者为他们提供一张大纸和一些彩色铅笔、马克笔。让参与者一个接一个地到纸边并安静地（不要说任何话！）画下一个符号或者某个特质，用来代表在这个小组里的他们。在理想情况下，在这个活动前可以进行一些简短的分享（比如一个人喜欢什么，不喜欢什么）。

2）分享：你在活动中的体验是怎样的？你有足够的空间吗？你的画有没有反映出一些跟你有关的东西？是什么？

替代方案：

1）你还可以让他们一起自由地绘画，让他们观察每个人是怎么样占用他的空间的。

2）你可以邀请每个小组就一个给定的主题共同画一幅画。

3）你还可以让孩子们在黑板上用彩色粉笔进行这个活动。

活动1203　从1到10，站起来！　　　　　（3岁以上）

时间：约10分钟。

步骤：

1）每个人都在圆圈里做出这样的姿势——蹲下来，胳膊自然下垂。

2）参与者要一起从1数到10，站起来并缓慢地将胳膊抬起来。随着数字的增大，参与者要逐渐提升身体里的能量（"1"是说话的声音刚刚能被听见，"10"是尽可能地大声说出来，而且数到10时，每个人都要站直、双手举向天空）。

3）在数数的过程中，看着彼此是很重要的，这可以保证大家在同等的能量值上，也能确保大家的能量是逐渐增加的。

活动1204　纸塔　　　　　　　　　　（8岁以上）

将团体分为3~4人的小组，要求他们用现有的材料创造最好的塔。材料可以是报纸和胶带，或只是A4大小的纸。参与者需要在有限的时间（例如15分钟）内完成。对创造出最高的（或最美的、最结实的）塔的小组，可以适当予以奖励。

随后进行小组讨论：每个人都经历了什么？每个人都能积极参与吗？有人"主导"这个过程吗？这对结果是有帮助的还是有害的？你可以从这个经验中学到什么？

活动1205　各种小组活动　　　　　　（6岁以上）

把团体分成小组，给每个小组分配具体的任务，如制作海报、准备一个短剧（戏剧脚本和介绍）、创作或表演一首歌曲、研究某一个主题、调研一个特定主题（围绕一个特定的主题进行访谈）等。

活动1206　达成共识　　　　　　　　（10岁以上）

"达成共识"是一个团体决策过程，最终使团体中的每一个成员都能同意该决策。相对于"少数服从多数"的决策流程，达成共识意味着每个人都被尊重，不会被强行要求同意某一决策。达成共识的流程可能很长，但是它能确保每一个人都被倾听和尊重。达成的共识可能不能满足所有的人,但必须是所有人都能接受的。找到这个"可以接受的"解决方案的过程需要团体成员有极好的沟通技巧。因此,达成共识是高情商的表现。孩子从儿童时期就开始练习这个技能,会对他们的未来有很大帮助。

在该活动中,带领者首先需要介绍什么是"达成共识",然后明确达成共识的几个步骤:

1)团体成员围圈而坐,这样每一个参与者都可以被看见、被听见。

2)选择一个人作为仲裁人。这个人必须确保每一个人都有机会讲话,并且所有人都只说必要的话。

3)清楚地识别需要决策的议题。如果有几个议题需要决策,就一个一个处理。

4)如果可能,介绍并解释可能的选择方案以及每个方案的优缺点。

5)轮流询问每个人:

  a)最偏好哪个选择(让每一个参与者都充分表达自己的想法);

  b)哪些选择是可接受的(即使不是非常理想);

  c)哪些选择是不可以接受的。

6）识别出最合适（最容易被接受）的选择。

7）核查是否有人抵触（反对）这个选择。

8）倾听并处理这个反对意见：

　　a）反对者有什么样的感受、想法、需要和要求？

　　b）用尊重的方式进一步讨论，直到找到共识。

9）必要时，可以暂停或静默片刻，让每个人可以找到他们的中心，并观想一个创造性的结果。

达成共识的练习

在一个较大的团体进行该练习之前，首先在一个小组内（先是5~8人，然后增加到10~15人）探索达成共识的过程。小组的规模越大，过程越复杂。你需要控制好时间，在不损失活动质量的前提下，尽量提高效率。

如果你在学校里，你可以带领你的小组就以下问题"达成共识"：

·选择一个班级或者团体的"领导"（或者一个仲裁者），并定义他的角色。

·定义小组的任务（打扫卫生，浇灌植物，协助教师，帮助缺席的学生，等等），确定小组成员该如何分配角色，如何轮换角色。

·在学校范围内，是否要针对一些明显的不当行为

(比如迟到,在墙上、桌子上或者其他设备上乱写乱画,损坏设备,乱扔垃圾,嚼口香糖,等等)进行处罚。

· 确定一个需要整个小组的人去表演的节目(比如合唱一首歌、演一部剧、跳一个集体舞等)——需要每一个人都参与其中的活动。小组要表演什么呢?

活动1207　杂技演员的"A" （12岁以上）

一个参与者登上一个竖起的A型木架。其他参与者(6~10人)用绳子来使架子处于平衡状态。每根绳子都有一头绑在架子的顶部。拉绳子的人一起用力,帮助站在架子上的人,使架子向前移动,到达指定的地点(站在架子上的人脚不能着地)。

活动1208　因纽特人的游戏 （8岁以上）

准备:符合活动要求的木棍和绳子。

步骤:参与者两两一组。每组有一根约50厘米长的木棍,木棍两端均有两根细绳供参与者绑在腰间,让木棍稳定位于两人腹部之间。棍子中间固定一根绳子(大约30厘米长),绳子上挂着一个小木球。这个游戏的目的是不用手帮忙,两人通过身体的摆动配合，让绳子绕着木棍缠绕起来，之后再通过配合让绳子恢复原状。这是一个很有趣的游戏，尤其是在有观众观看和欢呼的时候。

活动1209　合作书写　　　　　　　　　（10岁以上）

用一支粗大的铅笔，垂直穿过一片小木板。小木板上钻孔，拴一些约1米长的线。3～10人一组，每人拉一条线。小组的目标是用这支铅笔在沙子或纸上写字，或沿着给定的路线移动。

活动1210　蜘蛛网　　　　　　　　　　（12岁以上）

准备：绳子（可安装在两棵树之间）。

这个活动的目的是让一组人通过一张网（由绳索制成，有一些50或60厘米宽的方格），而不能触及绳子（这会唤醒蜘蛛，并会导致参与者被蜘蛛吞食）。每个参与者必须在其他人的帮助下通过一个不同的方格。参与者一个接一个地做。网格数要和参与者的人数一样多。如果小组有10～12人，带领者可组织比赛，看谁先通过。一旦有人触碰到绳子，小组就要重新开始。

注意：这个活动适合青少年和成年人，不适合年龄较小的儿童。

活动1211　帮助残疾人　　（6岁以上）

步骤：

1）邀请每个人选择并装扮成一个身体残疾的人（比如盲人、聋哑人、断了一条胳膊或一条腿的人等）。他要在整个活动中保持这样的状态（一小时、半天或一天……）。每个人都要根据自己的选择做好相应的准备，以便创造出必要的条件，比如断了一条胳膊或一条腿，就需要用木板固定或用绷带绑住胳膊或腿，装扮成哑巴可以把嘴巴捂住，等等。

2）以这样的状态进行很多正常活动，包括吃饭、自由活动等。

3）分享：你们是怎么有条理地进行日常活动的？你们是怎么帮助彼此的？有什么感受？学到了什么？

活动1212　友好日　　（7岁以上）

时长： 约30分钟。

可以选择如下活动：

1）善良活动。

让每个孩子在纸上描出自己手的轮廓。让他们去想人们对彼此友好的不同方式，然后将他们的想法写在手掌画的每一根手指上。完成以后，可以将这个画剪下来，装裱好，或者直接贴在一面墙上或公告板上。

2）计划一个友好日（或"说好话日"），邀请团体成员注意他们喜欢某人的某点，并告诉他们。

A. 选择一天，将其命名为"说好话"日（最好是周一，让孩子们在周末休息之后增加一点动力）。

B. 每个人都要保证，在这一天接近某人，并说出一句"我喜欢你的其中一点是……"。

C. 在这一天结束时集合，分享体验。

3）"友好行为"列表。

A. 在教室里，做一张形状是数字"100"的大海报。

B. 鼓励孩子们去发现彼此身上的友好行为。

C. 每当孩子们看见一个同学或朋友表现出友好的举动，他们就要告诉老师，然后将一个贴画和他们朋友的名字贴在海报上。孩子们不能提名自己，只能提名别人。

D. 友好行为的总数要达到100应该是简单的。你会观察到孩子们的行为、关系和人生观发生深刻的变化。

活动1213　手做的球　　　　　　　　（5岁以上）

时长：约10分钟。

步骤：

1）8~10人一组。小组成员站成一圈，小一些的孩子也可以跪坐在地上。小组成员靠近彼此并闭上眼睛（带领者也可以蒙上他们的眼睛）。这是一个不用说话的安静的活动。

2）你可以参考如下指导语："伸出你的胳膊。你们要靠得足够近，才能在圆心碰到所有的手。将你们的手放在一起，变成一个球。不要去拉对方。只是去感受你们是怎么样汇聚到一起的。触摸彼此，一起移动并体验这个感受……你们每个人都可以主动让这个手做的球慢慢发生改变。唯一的要求是要共同参与并尊重彼此，去觉察你的感受……探索你可以怎样敞开自己，面对这种体验……"（花几分钟的时间这样做，允许一些有意义的事情发生。让它变成一段自发的舞蹈。）

3）分享：你的感觉怎么样？刚才舒服吗？有没有不舒服的感受？发生了什么？谁更主动？……

活动1214　章鱼　　　　　　　　　　（5岁以上）

时间：15~20分钟。

准备：一些塑料瓶或气球，眼罩若干。

步骤：

1）瓶子要放在地上，用来代表"地雷"。人必须避开地雷。一个人要站在房子的一边并将胳膊张开。六个人围着他，两边各站三人，抓住中间那个人的手。后者要睁着眼睛，六个围着他的人要把眼睛闭上（或戴上眼罩）。

2）你可以参考如下指导语："安排成这样后，这七个人的团体就代表一条章鱼。它有六个看不见东西的触手。'头'必须指引这六个'触手'抵达房间的另一边而不碰到地雷。如果碰到一颗地雷，章鱼就要重新开始。"

替代方案： 也可以组成好几支队伍，用竞赛的方式玩儿这个游戏。

活动1215　盲人画家　　　　（4岁以上）

目的： 使孩子能够意识到他人，并将他人的情绪和意见纳入考虑。

人数： 12~30人。

准备： 画纸，画笔，保护地面用的报纸。

你可以参考如下指导语：

"两两一组。你们需要将画纸铺在用来保护地面的大报纸上。每组将笔放在纸的中间。每个组的成员一同闭上眼睛，拿着笔，顺着同一个方向画画，直到你们觉得画出了一片完整的叶子为止。

"现在可以睁开眼睛，根据你们已经画出的图案继续作画，并给你们共同的作品起个标题。"

分享：你对你们的画和绘画的过程有怎样的感受？

活动1216　制作火车　　　　　　　　（4岁以上）

小组活动本身就为孩子们提供了一个分享和共同协作以达成目标的机会。

材料：纸箱，颜料（或可以贴在纸箱上的杂志画），蜡笔，马克笔。

步骤：

1）给孩子们准备几个用来制作火车的纸箱。

2）让孩子们装饰这些纸箱，并把它们摆放成一列火车（或者其他对他们来说有趣的物品）。

3）为孩子们提供有限的材料，促使他们在制作火车的过程中去分享他们要用的材料。

4）在孩子们建造和装饰火车的时候和他们讨论"分享"。当孩子们分享的时候，做出点评或认可。询问他们，当他们必须排队等待他们要用的材料时，他们的感觉是怎样的。让他们列出他们在等候和分享材料时可以做的事情（例如去装饰盒子的另一部分，或者当他们等待马克笔的时候，可以先用蜡笔做火车的蒸汽喷头）。

5）让孩子将毛绒玩具或抱枕塞进火车里，并在房间里开火车。

还可以参考其他章节的以下活动：

活动104　团队解"结"

活动113　谁是组长？

活动119　渔夫

活动120　小引擎

活动121　信任倒

活动123　摸地板

13　创造力和学习技巧

如何发展孩子的创造力？如何发展孩子的学习技能以便他们有更好的学业表现？这个主题显然是很开放的，又是不能被忽略的。

这一主题既包括各种即兴游戏，也包括：

·艺术性表达，如手工、泥塑、木工、绘画等。

·戏剧，如哑剧、小丑、幽默剧等。

·声音表达，如合唱团演唱、即兴创作音乐、组成打击乐团等。

·身体工作，如运动、自我按摩等。

·读和写。

·坚持写日记。

·研究，调查，访谈……

·回顾。教授合适的回顾方法。

- 总结。如何抓住事物的本质并发展综合技能？
- 记忆技巧。应该强调的是记忆需要被锻炼。每天记点儿东西仍然是最好的方式（但这种方式往往被忽略）。
- 心算。
- 时间管理。评估一项具体活动所需的时间；设置时刻表；做计划。
- 秩序和结构。清理，维护，把东西归回原位，等等。
- 领导力。轮流管理团体议题；轮流主持小组讨论或带领团体活动等。
- 完美感。学习带着高层次的自我要求做事情，直到把每个小细节都做到我们所能做的极致。
- 制定和实施项目。

活 动

活动1301　看不见的球　　　（6岁以上）

时长：约20分钟。

团体成员围圈而站。团体成员总数不超过15人。

步骤：

1）带领者假装扔一个看不见的球，扔的同时大声说出颜色（红或蓝色）。接到球的参与者必须在接球的同时大声重复这个颜色，然后扔给下一个人，同时说出颜色。让这个色球不断传递。当团体已经可以很好地传递这个球时，加入另一个色球到团体中。

2）假装有一个看不见的球，带领者将它扔向一个参与者，并且让他扔回来。带领者可以参考如下指导语："我们在扔球的同时自发地发出一个声响。接球人在接球时必须重复这个声响，表示已经接住这个声响，然后把球传递给另一个人的时候再即兴发出另一种声响。"带领者邀请参与者尽可能快地传球，以保证即兴、自发的状态。

3）带领者可以改变指导语："现在我们要扔一个具体的词

语,任何从你的头脑里冒出来的词语。"(你也可以让他们扔"表达感受、心境或需要"的词语。)

4)对大一些的孩子,带领者可以继续探索扔不同类型的词语,比如动物名、地理名词、外语词汇(英语),等等。

5)带领者还可以和大一些的孩子扔联想词。也就是说,接"球"者接到的不是一个相同的词汇,而是一个联想词。比如,扔出的是"树",接到的是"绿色";扔出的是"女孩",接到的是"美丽"。

6)分享感受并探索:这个游戏要求参与者具有哪些方面的技能?你在多大程度上让自己处于自发、即兴的状态?你观察到了什么?

活动1302　在清晨的丛林里　　　（4岁以上）

目的:锻炼参与者的注意力和想象力;帮助参与者感知他们在小组里的位置。

人数:12~30人。

所有参与者躺在地板上。带领者让他们去想象,他们现在在夜晚的丛林中,所有的动物都在睡觉。日出时分,动物们开始非常缓慢地移动。他们的感官先醒来,伸懒腰,打哈欠,慢慢地动起来,一点一点地触摸彼此,用嚎叫声、口哨声、咕哝声、吠叫声对彼此说话……所有人都要参与进来，并且听到丛林醒来的声音。

活动1303　镜像纸盘　　　　　　　　　（4岁以上）

人数：10~25人。

时间：约10分钟。

准备：纸盘若干。

步骤：

每个孩子拿一个纸盘。带领者让孩子们像照镜子一样，用纸盘去做和带领者完全一样的动作。先和孩子们练习一下，确保他们能够明白。所做的动作可以是围绕着头部、背后、两腿之间移动盘子，或举着盘子转圈，等等。

替代方案：

将纸盘在地上摆成一个圆圈。纸盘的数量与团体成员的数量相等。孩子们站在盘子旁边，面对圆圈。每个人对应一个盘子。将其中一个盘子涂色或装饰，让它看起来和别的都不一样。无论是谁站在"特别的盘子"旁边，都要被大家模仿。播放音乐，让孩子们围着盘子按顺时针方向走起来。当音乐暂停时，站在"特别的盘子"旁边的那个人就要成为下一个被模仿的对象。

活动1304　说给我听听！　　　　　　　　（4岁以上）

画画和记录口述（孩子说，大人写）是一个能够让孩子练习用文字来表达想法的有趣方式。

准备： 彩色卡纸；用来写字的横格纸；蜡笔或马克笔；用来涂色的纸。

步骤：

1）为孩子提供一个有趣的话题让他去思考，然后让他画一幅画。话题最好是可以激发想象力的，比如：

- 最喜欢的动物；
- 最喜欢去玩的地方；
- 最喜欢吃的东西；
- 家庭。

2）让孩子将画完的图画拿给你去誊写。

3）让孩子告诉你他画了什么。如果需要的话，你也可以通过问一些关于这幅图画的问题来鼓励孩子。尝试让他用至少三句话来描述这幅画。

4）在横格纸上将孩子的描述写下来，然后将画和口述记录用胶水粘在卡纸上。

5）鼓励孩子用语言重述你的记录，这可以帮助孩子看见这些表达了他所说的内容的字。

6）像画展一样展示这些图画和口述记录，用一个标题来解释这个主题，例如"最喜欢的宠物"。

活动1305　三个词一个故事　　　　　　　（8岁以上）

时长：约10分钟。

步骤：

1）团体成员两两一组。参与者要轮流用搭档给的三个不相关的词编故事。

2）你可以参考如下指导语："两两一组分散开来，面对面站着。决定谁是A，谁是B。A要先说三个不相关的词，B要用这三个词讲个故事。A要倾听，并保证不打断。"（让他们说大约1分钟，然后互换角色。）

3）分享感受和启发。建议提问：你觉得这个活动有多难或多简单？你对自己编的故事感觉如何？你对搭档编的故事感觉如何？

提示：提醒参与者，可以表达任何突然冒出来的想法，尽可能保持自发状态。

活动1306　用卡片讲故事　　　（4岁以上）

这项富有创造力的活动可以帮助孩子们明白说出和写出的词语之间的关联。

准备： 从杂志上剪下来的图片、贴画或印章，索引卡，马克笔，海报纸。在卡片上绘画（汽车、大象、蛋糕、爱心、蝴蝶），或者用胶水将图片粘在卡片上，并用马克笔在图片下方写上词语，来制作图片—词汇卡。

步骤：

1）给孩子一张卡片并让他编一个故事，把这个词用在一句话里。

2）给孩子一张新卡片并让他用他喜欢的方式继续讲故事，并且要用到卡片上的词。例如，"从前有一只蝴蝶落在了我的手上"。

3）在海报、黑板或白板上写下孩子的句子。

4）重复下去直到故事结束。

5）最后，将故事大声读出来，同时在海报上指出这些词。当你读到一个卡片上的词时，让孩子拿出这张卡片。

活动1307　讲故事　　　（4岁以上）

讲故事是一种很好的教学工具，可以在孩子刚开始理解语

言的时候就使用。在情商教育中,讲故事可以有不同的用途:

1)读一些特别选定的故事。

2)即兴编一些自创的故事,要么是成年人自己编,要么是成年人和孩子一起编。在小组(两人或多人的小组)中,小组成员可以对彼此做出回应(可以按照一定的方式,如一次一句话,轮流编),或者只是自发地相互接续故事。

其他讲故事的"游戏":可以使用卡片、图画或其他可以激发想象力的工具(比如手指玩偶或沙盘),也可以把故事写、讲、画或者表演出来……对于创造的方式,没有任何限制。

写情商故事

提前准备好故事。故事可能涉及一种富有教育意义的主题或概念。听故事的人可以将任务画出来,这样他们就可以将自己的感受投射到人物身上。故事可以是简短的、生动的,要能迅速获得听者的注意力,并尽早引出想要表达的主题,以便使听者不容易分心。故事的目的并不在于"娱乐",而是提供一个激发问题的机会,邀请孩子们去表达出他们的观察、感受、见解和学到的东西。

要从情商学习的角度去收集有意义的故事可能需要很多时

间。但是也有许多现成的资源，它们值得你去翻阅并熟悉，你还可以将它们归类为随时可用的材料。

以下小提示能帮助你和孩子一起讲故事：

1）最重要的讲故事技巧是，看着孩子的眼睛。

当你拿着书讲故事的时候，你不能完全吸引孩子的注意力，因为你的注意力在书上。你应该听过这样一句话，"眼睛是通向心灵的窗户"，同样，眼睛也是通向孩子内心世界的窗户。你可以通过他们的眼睛看见他们的兴奋，或者当你看见他们的眼中充满困惑时，你就知道要讲得慢一点。同样地，当孩子们看着讲故事的你时，他们也能看见你眼中的热情。

2）自由地使用手势。

去扮演那个大象。当你模仿大象的声音时，用你的手来演示大象长长的象牙！你可以指出故事中的人物要去的地方，你可以把手放在眉毛上，就好像你要看远方一样。当你给孩子讲故事时，记住，在他们小小的脑袋里，他们常会认为故事正在真实地发生！用你的整个身体来讲故事！记住，你的声音是故事的一部分。当你讲到巨人的时候，你要用很大的声音说话，当你讲到小老鼠时，就用很小的、吱吱的声音说话。享受其中的乐趣，你甚至可以创造你的组合——如果让巨人发出吱吱的叫声，会怎么样呢？

3）讲完故事以后问问题。

通过这个机会让孩子去探索更多关于这个故事的内容会很有帮助。不要忘记让他们去说说他们有多喜欢这些故事,这能帮助他们培养评价和表达自己观念的能力。

讲完故事以后,你可以和孩子一起探索如下问题(你可以根据孩子的年龄、学习程度和目的,在以下问题中进行选择):

①找出不同的角色。这个故事里的人是谁?

②找出不同角色的情绪。他们有什么样的感受?

③找出这些感受的起源(原因)。你觉得是什么让他们有这种感受?

④找出需求。他们需要的是什么?

⑤找出选择和对应的行为。他们当时还可以怎么做让事情变得好一些?

⑥这个故事有没有让你想起真实生活中的一些事?

⑦你能学到什么?这个故事想要告诉你什么?你有什么见解?

⑧你有多喜欢这个故事?(从0~10进行评分。)为什么?(你最喜欢什么?有哪些地方你不那么喜欢?)

你们还可以角色扮演故事里的人物。

①让孩子们重现故事里的某一个场景，如果合适的话，也可以让他们对故事进行改编，表演改编后的场景。

②角色扮演受伤者。

③角色扮演有资源的人。

讲故事"游戏"

这里有一些有创造力的讲故事（写故事）活动，你可以和孩子一起做。

1）填空

每个人写一个故事，但是要留出几个词的空来。把写有故事的纸折起来，写上要填几个词，然后让其他人填词。最后，你打开并读每个人的滑稽故事。比如：

有一天，一个叫格雷格的____去了____。他太喜欢那儿了，所以他买了一个____并和他的____分享。第二天格雷格回到那儿，花了50美元在一个____上。他把它作为礼物给了他的____，他们说____。

你可以将写有这个故事的纸折起来，然后在另一面写上一个数字（1~7中的一个），给另一个人，让他去想可以填的词。最后，大声将你们的滑稽故事读出来。

2）小组讲故事

小组成员围坐一圈，每个人用说的方式接续着编故事，当你想要由另一个人来接续的时候，就可以停下来，坐在你旁边的人要继续说下去。这非常好玩儿。

活动1308　引导盲人　　（6岁以上）

时间：15～30分钟。

你可以参考以下指导语：

"选一个搭档，最好是还没有和你合作过的。你们需要决定谁是'A'，谁是'B'。"

"这是一个非言语练习。在练习过程中保持安静是非常重要的，你可以在结束后谈论你的感受。"

"这个游戏的目的是要像个盲人一样，在不依靠你的眼睛的情况下去观察、探索，以及做些事情。A先扮演盲人。B要拉着搭档的手（而不是通过声音去指导），让他去触摸并探索屋子里不同的物件和人。让他去体验不同的姿势，但要保证安全。让他通过触觉和其他感官，包括嗅觉和听觉来探索。确保始终尊重你的搭档。这是一个关于信任的游戏，过一会儿你们会互换角色。有任何问题吗？"

"当我说'到时间了'，盲人们要缓缓地拿下眼罩，环顾四周，并花一点儿时间去感受当他们睁开眼睛时，让他们印象最深的是什么。"

注意：你可以让孩子们玩10分钟或者更久。在条件合适的情况下，这个游戏的时间可以适当延长，所用的空间也可以变大。它可以持续一个小时甚至好几个小时，可以包括一顿饭的时间、一次外出行走的时间、一次外出跑步（如果安全的话）的时间，等等。

替代方案：你还可以将两个孩子的胳膊系在一起。他们需要保持连在一起的状态一起做几个活动。

提示：对于10岁以下的小朋友，一定要强调安全。他们有可能会戏弄搭档，或者不够注意。尤其当你们在户外时，要请他们格外小心，这样搭档才不会受伤。

分享：邀请"盲人"表达，在这个体验中，让他们感受最深的是什么，以及当他们睁开眼睛的那一刻，让他们印象最深的是什么。邀请他们去探索与"信任"这个主题有关的问题，比如"你体验到的信任是什么样的""什么让你感觉到信任（或没有信任感）"。

活动1309 模仿疯子 （4岁以上）

时间：6~10分钟。

步骤：

让人们分散开。一个人被指定扮演"疯子"。唯一的指示是他可以做任何动作，其他人都要去模仿他的动作。当"疯子"玩够了以后（1分钟左右，或者当带领者拍手时），他要指定另一个人去扮演疯子。带领者可以放一些背景音乐。

提示： 确保不会发生危险，或者出现不尊重人的情况。

替代方案： 你也可以自己站在圆圈里，让"疯子"站在圆心，做"任何事情"，其他人要模仿他。当他玩够了以后，他会指定另一个"疯子"。

活动1310　风　　　　　　　　　　（4岁以上）

这个活动能让孩子练习分类、比较和对比事件与经历，还能让他们扮演（风）和用不同的态度来表达他们自己。

步骤：

1）跟孩子们谈论各式各样的风，如徐徐清风、轻柔的风，以及飓风。确保用到类似"轻柔"和"强烈"这样的词。

2）让孩子们走动起来，好似他们是一缕微风。

3）告诉他们，现在微风变成了和风。

4）逐渐加强风的力度，直到变成飓风。

5）慢慢地逆转这个过程，直到又变成微风。

6）当孩子们体验了不同的风力以后，让孩子们肩并肩站成一条直线。第一个孩子要变成一缕微风，然后接下来的每一个孩子要表演一个更强劲一点儿的风，这样，队伍里的最后一个孩子就要扮演飓风。这个过程也可以是反过来的，让最后一个孩子扮演微风。

14　与自然建立联结

这个主题的目标是：

- 与地球建立联结。
- 探索基础元素、季节和周期。
- 探索生命周期、出生、成长和死亡。
- 建立与植物和动物的联结。
- 发展出环境意识，关爱自然。
- 提供冒险体验（目的是超越恐惧和自我限制，也可以发现不同的群体氛围），比如登山、徒步、划船、潜水、洞穴探险、旅行等。
- 发展出对自然的欣赏和尊重，感其神圣。
- 履行仪式和庆祝活动。

这一主题可以包含的活动有：

・探索与自然元素的直接接触，如观察大自然，观察鸟、昆虫，等等。

・在一个宁静的自然环境中，与小伙伴们静静地坐在一起，倾听自然的声音，注意到风景、气味、风……

・呼吸的同时体验与地球的联结。

・感觉树的存在，触摸树，触摸树叶……

・两人一组，手牵手，一起（沉默地）走来走去，触摸，感觉，倾听，观察（或者一个蒙着眼睛，另一个领路）。

・户外活动，徒步旅行，或者收集垃圾。

・探险，爬山，探索洞穴……

・仪式。用收集来的自然界中的事物（如石头、棍棒、枯萎的叶子、花、羽毛等）制作曼陀罗。在大自然中放声歌唱。感谢空气、水、地球、火……

活动1401　探索四种感官　　　　（4岁以上）

目的：让孩子们和大自然接触，发展自信以及对他人的信任。让孩子们动用四种感官（听觉、嗅觉、味觉、触觉）去发现大自然中的元素。

人数：12~30人。

准备：袋子、眼罩。

步骤：

团体成员一起在自然中行走。每个人捡拾三种大自然中的物品。当收集过程结束后，人们要回到圆圈当中。一个人走到中间并蒙上眼睛。另一个人进来，给他一件东西，让他通过触摸、尝、听或闻来发现和感受这个物品。每个人轮流蒙上眼睛探索和发现。

活动索引

1　在团体内建立信任和安全感

活动101　男孩和女孩：组成数字（7岁以上）

活动102　互相轻拍（6岁以上）

活动103　生日排序（8岁以上）

活动104　团队解"结"（6岁以上）

活动105　各式行走（4岁以上）

活动106　"盲人"探索（6岁以上）

活动107　形成团队意识（9岁以上）

活动108　我的团体（6岁以上）

活动109　闭目行走，相遇，跳舞（6岁以上）

活动110　音乐雕塑（3岁以上）

活动111　召集（5岁以上）

活动112　冰山上的企鹅（4岁以上）

活动113　谁是组长？（8岁以上）

活动114　不许笑！（4岁以上）

活动115　找到你的动物伙伴（4岁以上）

活动116　趣味舞蹈（4岁以上）

活动117　音乐圈（5岁以上）

活动118　鞋子工厂（4岁以上）

活动119　渔夫（5岁以上）

活动120　小引擎（4岁以上）

活动121　信任倒（10岁以上）

活动122　肩并肩（5岁以上）

活动123　摸地板（8岁以上）

活动124　无线通信（6岁以上）

活动125　蛇蜕皮（5岁以上）

活动126　咕咕坐好了吗？（6岁以上）

活动127　团体雕塑（7岁以上）

活动128　它在哪里？（7岁以上）

活动129　机器人（4岁以上）

活动130　动物游行（4岁以上）

活动131　触摸颜色（4岁以上）

活动132　蜗牛（4岁以上）

活动133　嘀啾（5岁以上）

2　探索你的身份

活动201　我是什么动物？（7岁以上）

活动202　咔嚓（6岁以上）

活动203　唱出或舞出你的姓名（6岁以上）

活动204　绕绳介绍（6岁以上）

活动205　橘子（12岁以上）

活动206　介绍你的伙伴（12岁以上）

活动207　如果我是一个动物（4岁以上）

活动208　我就是我！（5岁以上）

活动209　找找不一样（6岁以上）

活动210　这就是我（8岁以上）

活动211　我是，我有，我想要（8岁以上）

活动212　变化中的自己（10岁以上）

活动213　第一次遇见（8岁以上）

活动214　重要人物（7岁以上）

活动215　对我重要的事情（6岁以上）

活动216　人皆不同（7岁以上）

活动217 姓名火车（4岁以上）

活动218 姓名球（4岁以上）

活动219 像照相机一样看（10岁以上）

活动220 我们的英雄（8岁以上）

活动221 蜘蛛网（4岁以上）

活动222 姓名骑士（6岁以上）

活动223 个人探索的相关问题（8岁以上）

活动224 姓名圆圈（5岁以上）

活动225 看图说话（5岁以上）

3　感受和情绪

活动301 "123"天气预报（4岁以上）

活动302 "感觉板"（6岁以上）

活动303 感觉温度计（6岁以上）

活动304 情绪卡片（6岁以上）

活动305 你现在有什么感受？（8岁以上）

活动306 情绪模拟表演卡片（8岁以上）

活动307 这不是我的球（5岁以上）

活动308 有多少种情绪？（6岁以上）

活动309 回想这样的时刻……（7岁以上）

活动310　情绪：我能做什么？（3岁以上）

活动311　不太友善的事情（6岁以上）

活动312　给出清楚的信息（6岁以上）

活动313　感受身体（7岁以上）

活动314　感觉在身（9岁以上）

活动315　传送情绪帽（4岁以上）

活动316　情绪照片（4岁以上）

活动317　感到放松（4岁以上）

活动318　绘画（6岁以上）

活动319　人体雕塑（6岁以上）

活动320　制作一本个人情绪图画书（5岁以上）

活动321　对文学或故事进行艺术反思（6岁以上）

活动322　捏泥团（6岁以上）

活动323　警铃（当我觉得非常糟时！）（5岁以上）

活动324　角色扮演（4岁以上）

活动325　玩偶，木偶和小摆件（4岁以上）

4　选择和责任

活动401　站起来—坐下（10岁以上）

活动402　"我不得不"与"我选择"（10岁以上）

活动403 选择你的感受(引导放松)(10岁以上)

活动404 体验身体语言(8岁以上)

活动405 怎样拥有完美的一天?(8岁以上)

活动406 假装(简单的即兴表演)(8岁以上)

活动407 团体雕塑:营救游戏(10岁以上)

活动408 拥有感受(10岁以上)

活动409 我的受害者故事(12岁以上)

活动410 度假(假期出游)(4岁以上)

活动411 好消息圈(7岁以上)

5 探索倾听技能

活动501 你听见了我听见的吗?(3岁以上)

活动502 接纳圈(4岁以上)

活动503 喜欢—不喜欢圆圈(4岁以上)

活动504 对话(6岁以上)

活动505 对话示例(8岁以上)

活动506 轮流讲话(6岁以上)

活动507 保持目光接触(8岁以上)

活动508 分享圈的规则(5岁以上)

活动509 神奇话筒(4岁以上)

活动510　镜像（12岁以上）

活动511　我是什么动物？（4岁以上）

活动512　"我在这里"（8岁以上）

活动513　确认接收（10岁以上）

活动514　"我"字陈述（10岁以上）

活动515　倾听放松练习（8岁以上）

活动516　身体说话（4岁以上）

活动517　非言语对话（8岁以上）

活动518　传播流言（8岁以上）

6　识别需要，表达请求

活动601　彩色圆点（8岁以上）

活动602　这些感受背后的需要是什么？（8岁以上）

活动603　识别你的需要（8岁以上）

活动604　提出你的请求（8岁以上）

活动605　零—零—七（8岁以上）

活动606　我们最重要的需要是什么？（9岁以上）

活动607　第一印象（8岁以上）

活动608　角色扮演（10岁以上）

7 自尊、自信和坚定

活动701　今日之星（4岁以上）

活动702　关于自信（6岁以上）

活动703　想象"信心"（6岁以上）

活动704　回忆自信（6岁以上）

活动705　对自己感觉良好（6岁以上）

活动706　感谢（欣赏）圆圈（6岁以上）

活动707　你有什么特殊的才能？（7岁以上）

活动708　一个成功的经验（8岁以上）

活动709　越来越高（8岁以上）

活动710　三个圆圈（8岁以上）

活动711　泥塑（8岁以上）

活动712　在团体面前讲话（6岁以上）

活动713　培养感恩之心（6岁以上）

活动714　自信游戏（8岁以上）

活动715　自信测验（10岁以上）

活动716　鼓掌（5岁以上）

活动717　台风来啦！（4岁以上）

8 处理冲突和解决问题

活动801　一个小问题（6岁以上）

活动802　画出问题（6岁以上）

活动803　看着问题（6岁以上）

活动804　探索对立面（8岁以上）

活动805　智慧书（6岁以上）

活动806　什么是欺负（打扰，纠缠）？（6岁以上）

活动807　怎样处理欺负？（6岁以上）

活动808　拥有感受（8岁以上）

活动809　鼻子侦探（5岁以上）

活动810　交朋友（6岁以上）

活动811　分享（6岁以上）

活动812　木偶小伙伴（4岁以上）

活动813　我和其他人（10岁以上）

活动814　解决冲突（12岁以上）

活动815　方案盒（6岁以上）

活动816　自我评价表（9岁以上）

活动817　面对冲突（9岁以上）

活动818　给出清楚的信息（6岁以上）

9　积极思维和消极思维

活动901　悲观主义者—乐观主义者的故事讲述（8岁以上）

活动902　优势和劣势（8岁以上）

活动903　培养积极的感受（8岁以上）

活动904　完美的一天（6岁以上）

活动905　把"因为……"改成"感谢……"（8岁以上）

活动906　犯错误（8岁以上）

活动907　识别负面的信念（9岁以上）

活动908　积极的自我确认（9岁以上）

活动909　重塑信念模式（9岁以上）

活动910　卡片混合（9岁以上）

活动911　笑瑜伽（9岁以上）

活动912　身边的新鲜事和好事（8岁以上）

10　我知道想要什么：设定目标

活动1001　洗车（可合并颁奖台）（6岁以上）

活动1002　做出一个改变（6岁以上）

活动1003　我喜欢我的……（6岁以上）

活动1004　我所敬佩的别人的事情（6岁以上）

活动1005　如果我很有名（6岁以上）

活动1006　我希望能成功达成的事情（6岁以上）

活动1007　变化商店（6岁以上）

活动1008　目标海报（8岁以上）

活动1009　达成目标（8岁以上）

活动1010　目标记录表（8岁以上）

活动1011　"改变"游戏（4岁以上）

活动1012　个人成就记录（8岁以上）

活动1013　成功的配方（8岁以上）

活动1014　需要发展的技能（9岁以上）

活动1015　目标混合（8岁以上）

活动1016　每日目标设定（8岁以上）

11　引导内在工作：呼吸、放松、观想

活动1101　橡胶身体（4岁以上）

活动1102　简单的身体放松（8岁以上）

活动1103　针对儿童的呼吸放松练习（8岁以上）

活动1104　在放松中体验自尊（8岁以上）

活动1105　变得更欢乐（8岁以上）

活动1106　观想练习（8岁以上）

活动1107　胜利的一天（8岁以上）

活动1108　创造性地表达放松（8岁以上）

12　合作性态度

活动1201　合作会议（班级会议）（6岁以上）

活动1202　团体绘画（5岁以上）

活动1203　从1到10，站起来！（3岁以上）

活动1204　纸塔（8岁以上）

活动1205　各种小组活动（6岁以上）

活动1206　达成共识（10岁以上）

活动1207　杂技演员的"A"（12岁以上）

活动1208　因纽特人的游戏（8岁以上）

活动1209　合作书写（10岁以上）

活动1210　蜘蛛网（12岁以上）

活动1211　帮助残疾人（6岁以上）

活动1212　友好日（7岁以上）

活动1213　手做的球（5岁以上）

活动1214　章鱼（5岁以上）

活动1215　盲人画家（4岁以上）

活动1216　制作火车（4岁以上）

13　创造力和学习技巧

活动1301　看不见的球（6岁以上）

活动1302　在清晨的丛林里（4岁以上）

活动1303　镜像纸盘（4岁以上）

活动1304　说给我听听！（4岁以上）

活动1305　三个词一个故事（8岁以上）

活动1306　用卡片讲故事（4岁以上）

活动1307　讲故事（4岁以上）

活动1308　引导盲人（6岁以上）

活动1309　模仿疯子（4岁以上）

活动1310　风（4岁以上）

14　与自然建立联结

活动1401　探索四种感官（4岁以上）

米杉

米杉（Michel Claeys），出生于1950年，比利时心理治疗师。在接受法律专业训练之后，他很快把自己的职业生涯转向了教育和心理咨询。20世纪70年代中期在苏格兰生活之后（在芬德霍恩基金会），他前往北美、法国和瑞士，接受了在个人成长与心理咨询方面的进一步培训。1980年，在比利时布鲁塞尔立业，创办并经营一个教育中心和一本杂志。他创建了一个非营利组织"丧亲与过渡"（Deuil et Transition）为丧亲或遭遇其他重大变故者提供支持。1988年，他在布鲁塞尔开始了他的咨询师（治疗师）生涯。他发表了很多论文并出版了几本书，还有一系列的放松和内在工作的练习。

米杉在2000年到2015年期间定居北京，在从事咨询工作同

时,为国内大学提供讲座及培训。他自2006年开始为教师提供社会情绪教育培训。在建立法国情商教育协会之后,2015年他回到法国。他目前和妻儿生活在法国,同时继续活跃在培训领域。

基于超过30年的专业经验,依靠着对多种传统治疗方法和更具创新性的人本主义及超个人心理学疗法的广泛接触,米杉发展出一套创新性的咨询方法和风格。他教授释梦心理治疗、自创的本性心理治疗和为教师设计的情商教育课程。

释梦心理治疗(Dream Therapy)是基于格式塔流派对梦的解读和荣格著作的一种简单而有效的释梦方法。米杉对梦的解读旨在识别并重述梦境所使用的象征性语言,识别梦中的资源要素,访问不同的内在空间。《梦的真相》是米杉在该领域的重要著作。

本性心理治疗(Essence Therapy)是一种超个人的、以身体为中心的、焦点解决的心理治疗方法。它有效地将能量心理学、引导性的内在工作同一些更为传统的咨询工具整合在一起。

情商教育培训旨在帮助教育者在一个支持性的环境中教授情商技能,是一种同时提供框架和具体工具的综合性方法。

目前,除本书外,米杉的中文版的著作还有:《由心咨询》《梦的真相》《内在父母与内在小孩的拥抱》《情商教练手册》《育儿先育己》。